数字图书馆门户网站新模式
开源软件的应用

The New Model of the Digital Library Portal Site
the Application of Open-source Software

主　编　樊　姗
副主编　陈金传　杨　莉　高　山

中国书籍出版社
China Book Press

图书在版编目（CIP）数据

数字图书馆门户网站新模式：开源软件的应用/樊姗主编．
—北京：中国书籍出版社，2018.11
ISBN 978－7－5068－7066－5

Ⅰ.①数… Ⅱ.①樊… Ⅲ.①数字图书馆—网站—建设
②网页制作工具 Ⅳ.①G250.76②TP393.092.2

中国版本图书馆 CIP 数据核字（2018）第 248953 号

数字图书馆门户网站新模式：开源软件的应用

樊　姗　主编

责任编辑	张　文
责任印制	孙马飞　马　芝
封面设计	中联华文
出版发行	中国书籍出版社
地　　址	北京市丰台区三路居路 97 号（邮编：100073）
电　　话	（010）52257143（总编室）　（010）52257140（发行部）
电子邮箱	eo@chinabp.com.cn
经　　销	全国新华书店
印　　刷	三河市华东印刷有限公司
开　　本	710 毫米×1000 毫米　1/16
字　　数	220 千字
印　　张	14
版　　次	2019 年 1 月第 1 版　2019 年 1 月第 1 次印刷
书　　号	ISBN 978－7－5068－7066－5
定　　价	68.00 元

版权所有　翻印必究

前　言

　　图书馆门户网站是读者利用图书馆各种资源服务的入口,也是图书馆服务理念的体现。一个拥有优质用户体验的图书馆门户网站,不但能使图书馆真正成为高校教学科研的源动力,而且能从根本上提升图书馆的竞争力,打造具有"本馆特色"的服务品牌。然而,随着近年来互联网的飞速发展以及新信息技术应用的日新月异,一方面用户获取信息的方式和途径发生了根本的改变,另一方面图书馆门户网站也会出现页面样式单一、浏览器兼容性差等各种问题。与此同时,读者个性化、交互性等需求的与日俱增,传统图书馆人力、物力和财力不足等制约因素再度凸显。因此,图书馆门户网站再建设的瓶颈如何突破已然迫在眉睫。

　　随着资源共享在信息社会和知识经济时代的日趋重要,以"信息共享、源代码共享"为宗旨的开放源码软件(open‐source,简称开源软件)逐渐得到了大家的认可。同时,我们注意到国内外一些图书馆已经开始关于开源软件在数字图书馆应用等方面的研究,发现利用开源软件搭建图书馆门户网站的一些应用有着众多的优点:首先,最重要的就是节约图书馆的经费,由图书馆员负责技术部分,摆脱了对商业软件的依赖;其次,由于源代码的公开性,有利于图书馆员掌握软件开发的核心技术,同图书馆员的专业知识经验相结合,从而提高软件的实用性;最后,开源软件的使用有助于图书馆构建强有力的知识管理系统,提升创新能力,进而增强图书馆的竞争优势。

正是在这个背景下,我们根据新版门户网站的功能定位和实际需求,着眼于国内外一些优秀的开源软件,通过下载、安装、本地化设置以及对比分析后,我们选择了 WordPress、Drupal、phpBB、Dokuwiki、Lilina、Flaxpaper、KBPublisher 这七个开源软件,并分别搭建了华东师范大学图书馆的如下七个应用:图书馆新闻发布平台、馆员园地、读者园地、图书馆维基、新闻聚合网、馆刊和 FAQ 系统。本书对开源软件 WordPress 和 phpBB 进行了包括安装、下载和配置应用等方面详细的讲解,对开源软件 Drupal、Dokuwiki 和 Lilina 只做了关键应用的介绍和说明,而 Flaxpaper、KBPublisher 在本书未作介绍。

为了让读者在搭建开源软件时尽量少走弯路,本书在编写的时候使用了大量的图片配合文字进行详细的说明,所以对于 Web 初学者来说并非难事。当然,对于有 Web 开发经验的读者来说,应该更能够从中享受到建站的乐趣。由于本书主要介绍的是华东师范大学图书馆门户网站建站用到的开源软件,所以对有建站需求的图书馆比较有参考意义。但是,本书内容也具有一定的普遍性,所以一些研究所和企事业单位在进行门户网站建站的时候也可以参考借鉴。

由于时间和水平有限,在本书的编写过程中可能有表述不全面的地方,譬如一些软件在安装和使用过程中可能会出现一些我们没有遇到的问题,我们在书中就未能提及,希望读者多多谅解的同时也要抓住这个提高自己解决问题的能力的机会。我们也希望读者能和我们多沟通交流,共同进步。

最后,要感谢具有无私精神的开源软件的开创者以及来自世界各地的程序开发爱好者,是他们持之以恒的参与到开源软件的探索和实践之中,并且不断的进行技术更新、软件升级,才使得网站管理员和用户再无后顾之忧。同时,要感谢陈金传、杨莉和高山老师的无私付出,感谢华东师范大学图书馆的张静波、周健、胡小菁、刘丹等各位领导对我的指导和帮助,感谢给过我建议的所有同事!

樊姗

2018 年 3 月 26 日

于华东师范大学图书馆

目 录
CONTENTS

第一章 图书馆门户改版思路方法 ··· 1
  1.1 门户网站现状 ··· 1
  1.2 门户网站内容整合和布局设计 ··· 2
  1.3 开源软件的提出和对比分析 ·· 5
  1.4 开源软件安装环境的搭建 ·· 14
    1.4.1 服务器操作系统的选择 ··· 15
    1.4.2 Web 服务器软件的选择 ·· 15
    1.4.3 数据库的选择 ··· 17
    1.4.4 Web 服务器软件和数据库的下载和安装 ················· 19

第二章 开源软件 WordPress 在图书馆门户网站中的应用 ············· 37
  2.1 开源软件 WordPress 软件的安装及升级 ························· 37
    2.1.1 WordPress 软件版本介绍 ····································· 37
    2.1.2 WordPress 软件的安装及升级 ······························ 42
  2.2 开源软件 WordPress 的主题配置与开发 ························· 54
    2.2.1 WordPress 的目录文件结构说明 ··························· 54
    2.2.2 WordPress 主题的自定义设置 ······························ 61
    2.2.3 WordPress 主题编辑 ··· 73
    2.2.4 WordPress 主题筛选 ··· 79
  2.3 开源软件 WordPress 的插件使用及常用插件介绍 ············ 83
    2.3.1 WordPress 插件使用以及开发简介 ······················· 83

1

2.3.2 WordPress 网络安全插件 …………………………… 90
2.3.3 WordPress 缓存插件 …………………………………… 92
2.3.4 WordPress 访问统计插件 ……………………………… 95
2.3.5 WordPress 邮件插件 …………………………………… 95
2.3.6 WordPress 子主题插件 ………………………………… 97
2.4 开源软件 WordPress 常用设置以及常见问题 …………… 98
2.4.1 WordPress 数据表详解 ………………………………… 99
2.4.2 WordPress 后台管理权限配置 ………………………… 103
2.4.3 WordPress 与门户网站的对接方式 …………………… 106
2.4.4 WordPress 常见问题小结 ……………………………… 107

第三章 phpBB 软件的安装和升级 ……………………………… 110
3.1 开源软件 phpBB 的下载和安装 …………………………… 110
3.1.1 phpBB 软件的下载 ……………………………………… 110
3.1.2 phpBB 软件的安装 ……………………………………… 110
3.2 开源软件 phpBB 软件的设置 ……………………………… 121
3.2.1 phpBB 综合配置 ………………………………………… 122
3.2.2 phpBB 版面管理 ………………………………………… 142
3.2.3 phpBB 发帖设置 ………………………………………… 145
3.2.4 PhpBB 风格设置 ………………………………………… 146
3.2.5 PhpBB 权限设置 ………………………………………… 147
3.2.6 phpBB 系统维护 ………………………………………… 154
3.2.7 phpBB 系统设置 ………………………………………… 155
3.3 开源软件 phpBB3.0 的升级 ………………………………… 158

第四章 其他优秀开源软件在图书馆门户网站中的应用 ……… 161
4.1 使用开源软件 DokuWiki 搭建图书馆维基 ………………… 161
4.1.1 DokuWiki 的下载和安装 ……………………………… 161
4.1.2 DokuWiki 的使用技巧 ………………………………… 162

目 录

  4.1.3 实践经验总结 ··· 169

4.2 使用开源软件 Drupal 搭建图书馆馆员园地 ······································ 170

  4.2.1 Drupal 简介 ·· 170

  4.2.2 Drupal 的下载和安装 ·· 171

  4.2.3 Drupal 设置 ·· 174

  4.2.4 实践经验总结 ··· 176

4.3 使用开源软件 Lilina 搭建图书馆新闻聚合网 ···································· 177

  4.3.1 lilina 的下载和安装 ·· 177

  4.3.2 Lilina 的配置 ··· 177

  4.4.3 实践经验总结 ··· 179

第五章 自适应网站设计 ·· 180

5.1 CSS3 和 HTML5 开发技术简介 ·· 180

  5.1.1 CSS3 技术简介 ·· 181

  5.1.2 CSS3 新特性 ·· 181

  5.1.3 HTML5 技术简介 ··· 188

  5.1.4 HTML5 新特性 ·· 188

5.2 基于 HTML5 与 CSS3 的自适应网站开发技术应用 ·························· 191

  5.2.1 创建自适应元素与媒体 ··· 191

  5.2.2 创建自适应字体 ··· 196

  5.2.3 设计自适应字体效果 ·· 197

  5.2.4 自适应前端开发框架 ·· 201

5.3 自适应网站其他应用 ··· 206

  5.3.1 自适应布局应用简介 ·· 206

  5.3.2 自适应网站视觉点缀应用简介 ··· 206

5.4 自适应设计的未来趋势 ·· 207

  5.4.1 当前问题 ·· 207

  5.4.2 未来之路 ·· 207

参考文献 ·· 208

第一章

图书馆门户改版思路方法

1.1 门户网站现状

随着近年来互联网的飞速发展,高校师生获取学术资源的习惯发生了巨大变化,纸质图书借阅量逐年降低,电子资源使用量不断升高,高校图书馆面临着前所未有的挑战。面对用户阅读习惯改变的现实,高校图书馆一方面需要打造更舒适的馆舍环境,吸引师生入馆学习研讨,另一方面需要针对高校自身的学科领域整合图书馆的资源与服务,并通过新版的门户网站来推出图书馆资源与服务体系,将用户从 Google、百度学术等平台拉回到承担高校学术资源门户作用的图书馆门户网站上来。

由于新的信息技术应用日新月异,一方面激发出新的用户信息需求,并改变着用户信息获取的方式与途径,另一方面在对图书馆的信息服务产生了深刻影响的同时,也为图书馆的发展带来了新的挑战,这就要求我们要不断提升图书馆门户的服务能力。《中国互联网络发展状况统计报告》指出:用户对信息需求的个性化和社会化两种倾向越来越强,同时用户愿意更多地参与到信息的社会共建、共享中来。可见,新门户的设计需要增加分享与互动功能以满足用户的需求。另外,通过考察国内外图书馆门户网站,发现信息内容的表现方式不再仅仅是文字,而是图片、动画、声音、视频等更为丰富的表现形式。这些表现形式相对直观和形象,更能提升用户体验。

华东师范大学图书馆门户网站于 2006 年发布并投入运行,到 2011 年改版之时已经运行了5年的时间。随着技术的飞速发展和外部环境的变迁,旧版门户网站在框架、功能、内容、页面美工以及浏览器兼容方面都积累了很多问题。通过对读者、馆员、门户网站的维护管理人员的调研来看,旧版门户网站主要存在以下几方面的问题:(1)框架陈旧,页面"所见即所得",图书馆所能提供的所有的服务全部罗列在首页,一是给人一种页面"杂乱无章"的感觉,二是页面大小的局限性无法满足读者获取大量信息的需求;(2)门户设计必备要素缺失,如到达站点主要网页的链接,覆盖整个网站通路的主导航,以及传达当前位置信息,提示用户主页到当前页的路径或者返回上一级菜单/回到主页的链接等;(3)搜索框不突出,"书目检索""电子资源检索"和"开放资源检索"等都没有体现在门户网站首页中,这就无法引导读者去使用检索的功能,造成电子资源浪费的情况;(4)缺少读者与馆员、读者与读者之间的互动功能,没有分享与订阅功能;(5)对主流浏览器的兼容性不好;(6)静态页面,缺少生机活力,给用户一种"死板"的感觉,用户体验比较差。这就要求图书馆需要立足于本校的特色,让图书馆门户变被动服务为主动服务,建立具有本校特色的、展现图书馆浓郁文化底蕴的、集信息与服务于一体的门户网站。

1.2 门户网站内容整合和布局设计

图书馆门户网站必须符合网络信息环境下的用户需求,符合其习惯。而我们图书馆门户所面向的是关注点不一、需求各不相同的多个用户群,这就使得门户设计工作变得更加复杂。华东师范大学图书馆新门户的定位是一个综合性、学术型的图书馆门户,同时也是面向华东师范大学师生信息资源发现和信息服务提供的平台。所以,新的门户网站要在整合旧版门户内容的基础上,添加 OPAC 系统、电子资源导航、读者园地、发现系统、图书馆新闻网、试用数据库等内容,同时也要突出校内优质讲座、馆内展览以及一些新兴的应用和资源予以关注和强调。

在经过对馆员以及一些师生的充分调查基础上,我们对旧版的内容和页面设计做了较大的调整,改版后如图 1-1 所示:

图1-1 华东师范大学图书馆门户网站

从图1-1中可以看出,页面设计在结构上由上、中、下三个部分构成,分别是:头部,中间和底部。页面头部比较一目了然由三部分构成,首先要体现的是网站名——华东师范大学图书馆以及LOGO(注意LOGO应该是可点击的首页链接,譬如在浏览子页面时点击LOGO便可以返回首页,而无需逐步找回上一级链接);其次是常用链接,包括学校首页、手机网站、我的借阅账户、读者留言以及一个网页翻译(方便外国友人以及留学生浏览);最后则是导航栏。页面中间主要由五个部分构成,分别是检索框、动态Flash、互动&探索、公告消息&文化活动、资源动态&试用数据库。页尾主要包括华东师范大学图书馆的版权信息、网页二维码、馆员天地、图书馆新闻聚合、康奈尔联合资源网、微信公众平台二维码、CASHL学科中心和科技查新工作站。

下面将针对部分模板展开详细介绍:

1. 导航栏

(1)本馆概况:关于本馆、开放时间、馆内布局、资料室分布、规章制度、资讯发布、图书馆捐赠名单、图书馆馆讯。

(2)服务指南:新服务实验室、服务设施、借阅服务、培训与课程、馆际互借/文献传递、科技查新/查收查引、学科服务、本馆 WOS 收录、书香嘉年华、自助文印服务、ECNU 专用信笺和标识。

(3)资源导航:馆藏目录、新书通报、外借排行、今日图书外借动态、推荐书目、主题书展、电子资源、电子资源使用规定、按类型查找资源、本校硕博士论文、自建数据库、网上报告厅、网上展厅。

(4)在线服务:学位论文提交、自助离校系统、馆际互借与文献传递、个人借阅查询及续借、资源荐购、创意空间预约。

(5)帮助中心:新手入门、你知道吗?、常见问题、读者园地、总咨询台、核心期刊指南、图书分类法、文献管理软件、数据库简介、常用软件、校外访问说明、网站地图、无线服务。

(6)常用链接:上海研发公共服务平台、长三角高校图书馆联盟、上海图书馆、中国国家图书馆、CALIS、CALIS 学位论文中心、CASHL、CADAL。

2. 检索框

(1)丽娃搜索:一站式检索本校订购的主要中外文电子资源及开放获取资源。

(2)本馆书目:检索框为查找本馆收藏的书刊、古籍以及订购的电子书,其他链接有我的借阅账户、新书通报、外借排行、本馆用分类法。

(3)电子资源:检索框为查找本馆订购的各类中外文电子资源,其他链接有电子资源导航、外文期刊网、EduChina、读秀、校外访问说明以及本馆特色库。

(4)开放资源:检索框为查找开放访问的中外文期刊论文、图书全文及各类资源,其他链接有开放图书馆、DOAJ、GoOA、国图特色资源、古腾堡计划。

3. 互动 & 探索

(1)咨询台:为有效解决读者在利用图书馆时遇到的各类问题,图书馆提供当面咨询、电话咨询、网络表单咨询、在线实时咨询、邮件咨询、BBS、社会网络互动等服务方式。

(2)读者园地:读者园地是提供网上讨论、交流有关利用图书馆的平台。论坛的信息接收是完全开放的,任何人都可以阅读和回答论坛中的内容。

(3)你知道吗?:介绍图书馆上新的一些应用。

(4)新浪微博：华东师范大学图书馆官方微博。

(5)微信：华东师范的图书馆官方公众号。

4.新闻消息

(1)公告消息：发布图书馆最新讲座、假期开闭馆时间、馆际互借文献传递等图书馆新闻动态。

(2)文化活动：主要发布华东师范大学图书馆所举办的每一期主题书展、文化展以及读书会等活动。

(3)资源动态：发布图书馆最新购买的数据库以及一些数据库商所举办的培训等内容。

(4)试用数据库：发布一些试用数据库及其试用起止时间。

1.3 开源软件的提出和对比分析

华东师范大学图书馆门户网站的改版并不仅仅是外观形式上的改变，而是一个在原有门户网站的基础上对内容进行去除陈旧冗余，留其精华，通过对国内外优秀的图书馆门户网站的借鉴，同时结合本馆的服务功能定位，不断地充实本馆门户网站内容以及解决各种历史遗留问题的过程。首先是框架的全新定制，引入导航栏，将图书馆提供的各项服务以及相关链接都放入导航栏内，读者可以根据自己的需求去查找；其次将检索框放在明显的位置，方便读者捕捉到并且在首页即可以完成对不同数据库的各种检索；同时，子页面添加了"返回首页"链接，也可以点击页面图书馆 LOGO 返回首页；投入使用的新闻平台的留言功能解决了读者和馆员的沟通问题；网站采用最新的 DIV + CSS 制作模式，可以兼容 Chrome、火狐和具有 IE 内核的主流浏览器等等。这些格局和细节的改变将会大大提升用户的体验。

一般来说，门户网站内容和页面布局确定之后，在具有网页制作基础的技术人员和美工设计人员的友好配合下，利用 DIV + CSS 技术制作一个兼容性良好的静态网站并不困难。难就难在如何去做系统平台的开发，以能达到我们期望的效果，譬如能实现读者和馆员在平台上的互动交流功能、馆员内部知识协作功能、多角色权限的后台发布功能、稳定的运行系统以及良好的用户体验等。这样的一个或者多个系统的开发对于图书馆技术人员来说是一件头疼的事,因为我们知道没有多年的开发经验以及过硬的技术储备是无法实现的。那有没有其他的方法可以解决上述问题呢?下面将给大家详细介绍一下我们搭建华东师范大学图书馆门户各应用时的思路方法。

1. 基于内容管理的后台发布系统

每个图书馆门户网站都需要有一个新闻消息的发布平台,也就是一个强大的后台管理系统。我们希望这个后台管理系统具有统一的信息组织的方法,即对同一类型的信息进行分类。每一类信息都可以进行新建、查看、编辑和删除四种不同的操作。除了使用分类的方式组织信息以外,还希望具有统一的用户和权限管理对信息的使用进行控制,即构成了一个完整的信息组织和管理的体系。这个时候我们就注意到了当时国内外比较流行的几个内容管理系统(CMS),譬如WordPress、Joomla!、Drupal等等。经过下载、安装、本地化配置之后对它们做了一个简单的介绍和比较:

(1) WordPress 是一个由 PHP 和 MySQL 提供支持的开源博客发布的应用程序,在 GUN 公共许可下授权发布。WordPress 是目前因特网上最流行的博客系统,也可以把 WordPress 当作一个内容管理系统(CMS)来使用。WordPress 使用 PHP 设计,但使用它不必知道 PHP 语法,只需使用一个简单的模板即可创建。直观和易于使用的管理界面使它可以在较短时间内真正简单和容易地创建一个博客或者网站。WordPress 以下特性导致其在用户中非常流行:

①完全符合 W3C 标准,易于安装和升级;

②WordPress 备份和网站转移比较方便,原站点使用站内工具导出后,使用 WordPress Importer 插件就能方便地将内容导入新网站;

③智能文本格式和工作流程,支持多个作者,内置垃圾邮件防护和密码保护,支持对帖子的评论;

④WordPress 功能强大、扩展性强,这主要得益于其插件众多,易于扩充功能,基本上一个完整网站该有的功能,通过其第三方插件都能实现所有功能;

⑤拥有成千上万的主题模板样式,安装方式简单易用;

⑥官方支持中文版,同时有爱好者开发的第三方中文语言包,如 wopus 中文

语言包。

（2）Joomla！是一个开源的内容管理系统平台,同时也是一个 MVC WEB 应用程序框架。Joomla！是使用 PHP 语言加上 MySQL 数据库所开发的软件系统,可以在 Linux、Windows、MacOSX 等各种不同的平台上执行。目前是由 Open Source Matters 这个开放源码组织进行开发与支持,这个组织的成员来自全世界各地,小组成员约有 150 人,包含了开发者、设计者、系统管理者、文件撰写者,以及超过两万名的参与会员。Joomla！具有以下几个特点：

①可以实现包括页面缓存、简单聚合订阅、页面可打印版本、博客、投票等功能；

②智能搜索功能,Joomla！开始采用智能搜索来提升搜索的响应速度、减轻服务器的压力和提高搜索的智能；

③批量处理功能,可以对菜单的访问权限进行批量设置,还可以批量复制、移动菜单。Joomla 2.5 同时还增加了文章、分类、链接批量处理功能；

④Joomla！采用了 3 层框架和模型 - 视图 - 控制器（Model - View - Controller, MVC）设计模式,这就使得代码可管理性变得容易和标准、提高代码质量、产品更加稳定以及帮助实现社区发展延伸的标准化。

（3）Drupal 也是另一个受欢迎的内容管理系统软件,连续多年荣获全球最佳 CMS 大奖,是基于 PHP 语言最著名的 Web 应用程序。截至 2011 年底,共有 13802 位 Web 专家参加了 Drupal 的开发工作；228 个国家使用 181 种语言的 729791 位网站设计工作者使用 Drupal。著名案例包括：联合国、美国白宫、美国商务部、纽约时报、华纳、迪斯尼、联邦快递、索尼、美国哈佛大学、Ubuntu 等。虽然 Drupal 通常被称为 CMS,但它是一个内容管理框架（CMF）。Drupal 提供了许多模块得以实现不同的功能,且模块的下载、安装也非常容易。到目前为止,Drupal 社区已经编写了成千上万个组件。Drupal 主要有以下特点：

①Drupal 提供了强大的个性化环境,每个用户可以对网站内容和表现形式进行个性化设置；

②Drupal 提供了基于角色的权限系统,没有必要对每个用户进行授权,只需要对角色进行授权；

③Drupal 提供的站内搜索系统能对站内的所有内容进行索引和搜索；

④Drupal 的模板系统将内容和表现分离，可以很方便地控制网站的外观；

⑤Drupal 提供内建的新闻聚合工具以及完善的站点管理和分析工具；

⑥强大的多语言支持体系。能够支持很多国家的语言，让你的网站在世界上通行；

⑦扩展能力强大，有丰富的第三方扩展支持。

通过上述介绍，可能大家还是没有一个直观的概念，如果要搭建一个平台到底要使用哪个开源软件更好呢？下面的小总结将会给出答案：WordPress 轻巧简约，非常容易安装和使用，现成的主题很美观，二次开发也相对简单，能够满足常见的内容发布功能，适合个人网站开发或者简单需求的企业网站；joomla！的设计思路比较传统，容易理解、安装和使用。核心灵活性与 Drupal 相比稍差，提供的模块多，主题也比较多并且很美观，但是其模块和主题已经很商业化，使用这些商业模板和主题可以满足绝大部分企业网站或者电子商务网站的需求，适合快速搭建网站，网站的需求比较明了常见，有一定的预备投入资金；Drupal 说是 CMS，其实更接近一个通用的 Web 应用程序框架，通过扩展开发可以实现几乎所有的网站需求，甚至超越网站的需求。程序设计思路有别于大多数 CMS，免费模块多，很多常用功能需要自己选择安装模块来实现，中文资料较少，由于其核心设计的特性，扩展灵活，但上手难度大，所以需要投入开发人员。

经过多方比较分析之后，我们决定使用简单轻巧易安装和维护的 WordPress 作为我们门户网站的新闻消息和资源动态的后台发布平台；选择模块多、内容和表现分离以及具有角色权限分配功能的 Drupal 来搭建图书馆馆员园地（馆内文件发布、馆员交流的平台）；因为 Joomla！的商业化模式，部分模块和主题需要购买，所以就不在我们的考虑范围内了。

2. 基于读者的留言板或论坛（BBS）

随着网络技术的不断发展，虚拟参考咨询服务出现了电子邮件、电子表单以及留言板等各种形式。留言板作为虚拟参考咨询服务的一种传统而重要的服务形式，目前在高校中已普遍开展。从形式上看各有千秋：如清华大学的表单咨询、浙江大学的留言板、重庆大学的 BBS 交流等。留言板的一个优势就是倾听读者的意见，进而提高图书馆的服务水平。当然，这就要求咨询馆员要对留言迅速回复、及时反馈、积极引导，和读者产生一个良好的互动。用心去帮助读者、服务读者，努力创建出属于本馆的服务品牌。网络留言服务的另一大优势是能将图书馆员与读者互动的整个过程记录下来,可以为其他读者提问或者寻求答案时提供借鉴。

由于留言板的确可以增进馆员和读者之间的良好互动并且有效解决读者的问题,所以,我们华东师大图书馆决定搭建一个 BBS 论坛形式的读者园地,给读者提供一个"倾诉"的平台,同时也能让专业咨询馆员在提供个性化的服务等方面着手打造信息咨询服务品牌。经过我们考察发现国外的开源软件 phpBB 以及国内的 Discuz! 在国内外的市场占有率比较高,下面就简单介绍一下这两款软件:

(1) phpBB

phpBB 是一个论坛软件,自 2000 年发布以来,它已经成为世界上应用最广泛的开源论坛软件。phpBB 拥有易于使用的管理面板和友好的用户安装界面,你可以轻松地建立起你的论坛。在全世界已超过百万的使用者支持下,拥有众多先进特性并且相容于多种接口的 phpBB 已然成为论坛建设的最佳解决方案。

phpBB 是在 MySQL 数据库上用 PHP 后端语言写的 UBB 风格的讨论板。它支持邮寄/回复/编辑信息,可设置个人信息、个人论坛、用户和匿名邮件、发起/参与投票、讨论主题等,通过提交或其他的特殊的顺序排队用户,可定义管理、排队等功能。它具有很高的可配置性,能够完全定制出相当个性化的论坛。

phpBB 具有友好的用户界面,使用了当今网络上流行的 PHP 语言工作,可以搭配 MySQL、MS-SQL、PostgreSQL 和 Access/ODBC 等主流数据库系统使用,适合于大多数的网站用来搭建论坛系统。其软件的开发成员来自开源社区,是一个国际性的开源项目,2000 年 6 月开始项目以来,各开发成员们坚持开源精神,为软件的稳定可用贡献了各自的力量。

(2) Discuz!

Discuz! 是北京康盛新创科技有限责任公司推出的一套通用的社区论坛软件系统。自 2001 年 6 月面世以来,Discuz! 已拥有 15 年以上的应用历史和 200 多万网站用户案例,是全球成熟度最高、覆盖率最大的论坛软件系统之一。目前最新版本 Discuz! X3.3 正式版于 2017 年 1 月 1 日发布,是 X3.2 的稳定版本。2010 年 8 月 23 日,康盛创新科技有限公司与腾讯公司达成收购协议,成为腾讯的全资子公司。

用户可以在不需要任何编程的基础上，通过简单的设置和安装，在互联网上搭建起具备完善功能、很强负载能力和可高度定制的论坛服务。Discuz! 的基础架构采用世界上最流行的 Web 编程组合 PHP + MySQL 实现，是一个经过完善设计、适用于各种服务器环境的高效论坛系统解决方案。Discuz! 无论在稳定性、负载能力、安全保障等方面都居于国内外同类产品领先地位。

上面对两款开源软件的介绍相对比较简单，大家可能只是有个模糊的了解，依旧不清楚如何取舍。其实，从源代码上来看，phpBB 的执行效率比 Discuz! 更高效，而且更简洁。很多人都认为 phpBB 的功能不如 Discuz!，其实这是个误区。国外程序都有一个特点，基本上都是裸的，你可以用很多的外挂插件来强化它。所以，不管是大家看到的 WordPress 还是 joomla! 都是这样的。由于国内和国外开发思路不一样，所以，我们看到的也不一样。因此，从可发展潜力来看，phpBB 比 Discuz! 强大，通过各种扩展外挂，让更多的爱好者参与到其中，并且不断壮大。因此，phpBB 也提供大量的用户接口，方便用户整合各种程序，而且十分的方便。从模板风格来看，phpBB 的模板更加符合 W3C 标准，而且支持世界上各种大语种，只需要切换语言包，论坛就可以显示不同的语言，熟悉 joomla! 的就知道这个是怎么回事了。而且 phpBB 的风格模板很多，非常的简洁漂亮，而 Discuz! 的就比较臃肿丑陋。如果从论坛允许的稳定性性能来考虑的话，phpBB 和 Discuz! 都是久经考验、不相上下的。

正是由于 Discuz! 的傻瓜化，能让站长一部到位地建设论坛，所以很符合中国人的口味，但是潜力是无法和 phpBB 相比的。另外从技术支持上来看，phpBB 在众多 phpBB 兄弟站上都可以找到资料，并且得到技术支持，但是 Discuz! 只能在一个地方得到技术支持。而且作为一个开源程序，phpBB 是免费的，而 Discuz! 不完全免费。当然 Discuz! 还是有优势的，比如和 QQ 对接后，可以方便很多用户通过 QQ 账号登录，而其他论坛都未必可以使用这个功能。所以从用户群来说，Discuz! 的网友将会在以后超越 phpBB，但是这两个论坛程序有着不同的发展方向，我们可以看到 Discuz! 会越来越臃肿，而 phpBB 则搭建不同类型的论坛需要不同的 MOD，但是仍然那样轻巧。

通过对 phpBB 和 Discuz! 这两款开源软件的对比分析，我们最终选择了具有出色的可定制性、优秀的用户安装界面、良好的多数据库搭配性、强大的管理功能以及完善的论坛体系的 phpBB 来搭建读者园地平台。

3. 基于馆员的知识协作系统

当今复杂的动态竞争环境要求我们必须进行快速的知识应用与创新，但是单靠个人是难以实现的，这就要求参与的行为主体之间必须密切合作，协同完成工作，实现在恰当的时间将恰当的知识传递给合适的对象，并完成知识的应用与创新，而这正是知识协同所关注的内容。知识协同能够满足组织对知识动态管理和创新的需要，它使多时点、多主体的知识有效集成、互补及共享，实现有效的知识应用和快速的知识创新。

作为 Web2.0 的一种社会性应用，维基(Wiki)具有一系列有助于知识协同活动开展的特性，这些特性包括开放性、交互性、增长性和有组织性等。开放性是指 Wiki 中的用户可以自由开放地进行 Wiki 内容的浏览、创建和修改等知识活动，从而使得 Wiki 中的知识可以自由地得以访问和共享。交互性是指 Wiki 中用户可以交互协同地完成对特定内容的编辑修改，共同完成对特定主题知识的创造并不断完善。增长性是指 Wiki 中的用户可以自由地创建新的词条页面并与现有的词条建立链接，从而使得 Wiki 中的知识鸿沟得以快速发现并使其知识得到持续开发和完善。有组织性是指 Wiki 中的不同词条页面可通过超级链接的方式有机地组织联系起来，从而使得 Wiki 系统中的知识及其情境知识可根据实际需求得以动态发展和完善。正是 Wiki 所具备的这些支持知识协同的特性，其已被广泛地应用到社会、企业和团队等不同规模组织的知识协同活动中。Wiki 是随着 Web2.0 发展而形成的一种重要互联网应用，支持面向社群的协助式写作。在 Wiki 中，代表知识的词条页面可由用户自由地进行浏览、创建和更改，参与者可以添加自己的词条页面，或者对共同关注的词条进行修改、扩展和完善，从而形成了面向社群的、多人参与的知识协同环境。

我们可以利用 Wiki 构建馆员内部知识共享平台。图书馆员在长期的实际工作中积累了丰富的经验，拥有大量的关于图书馆工作、社区以及网上资源的隐性知识。图书馆员早就意识到需要捕获、编写、记录、整理同事们的知识以进行显性化。而 Wiki 为馆员之间相互交流经验技能、进行整理并使之系统化以实现共享提供了一个有力的支持工具。利用 Wiki 这一简单易用的协同作业平台可以建立一个属于图书馆人自己的图书情报知识库，促使图书馆人把自己学习、工作中的经验和创意显性化，更好地管理、共享图书馆中的隐性知识，以提高图书馆整体的工作水平和图书馆人的业务水平。

当然，这个 Wiki 平台属于图书馆人的内部网，由所有的图书馆员共同建设和维护，任何馆员都可以在这个 Wiki 上记录自己日常工作中的经验和体会，包括新发现的信息资源、专业领域的最新动态、与用户交流的技巧方法、有效的检索方法、一些新诀窍等，日积月累必然形成一个可回溯的知识宝库。这个宝库凝结着全体图书馆员的智慧，为全体图书馆员所共享、维护、更新，从而使知识库的内容不断丰富、完善。目前国外图书馆在这方面的实践应用中比较典型的代表是明尼苏达州大学图书馆职工内部网。

经过考察对比发现 DokuWiki 是一个针对文件需求而开发的 Wiki 引擎，是用程序设计语言 PHP 开发的并以 GPL2 发布，基于文本存储，所以不需要数据库，其数据文件在 Wiki 系统外也是可读的。DokuWiki 的功能齐全，支持 UTF－8，最新版支持中文链接。能够单独编辑页面中的某个章节，能够自动生成目录，适合中小企业、个人使用，用作资料归档、指南、读书笔记等。DokuWiki 安装很简单，默认提供配置工具。

DokuWiki 是由 Andreas Gohr 在 2004 年 7 月开发出来的。一个大的改进是 2005 年 1 月重新设计解析程序和渲染程序。新的设计带来了显著的性能改进，使得 DokuWiki 可以应用于更大的文档项目。同时也为 DokuWiki 引入了一种通用的插件接口，简化了插件的开发和管理。2005 年 4 月和 7 月，在 Linux 发行版 Debian 和 Gentoo Linux 引入 DokuWiki 提高了其知名度。它具有以下特点：

①文本存储：DokuWiki 通过 txt 文件存储页面，不需要数据库；

②版本控制：DokuWiki 存储每一个 Wiki 页面的所有版本，允许用户比较当前版本和任何历史版本，使用了和 MediaWiki 类似的差异引擎（比较版本间的差异的软件），通过计时锁定机制，可以防止不同用户编辑同一个页面时产生冲突；

③访问控制：访问控制可以通过用户管理程序完成，用户管理程序允许定义用户和用户组以及定义访问控制列表，其中管理员用户可以定义页面和名字空间级别的权限；

④插件：DokuWiki 具有一个通用的插件接口，这个接口简化插件的开发和维护的过程，目前已经有超过 100 个可用的插件，管理员用户在插件管理程序的帮

助下可以很容易地集成和管理这些插件；

⑤模板：Wiki 的外观可以自定义，开发社群已经提供了许多不同的模板；

⑥国际化和本地化：DokuWiki 全面支持 Unicode(UTF-8)，所以可以显示如中文、泰文或希伯来文等语言，目前 DokuWiki 的界面已经有约 40 种语言；

⑦缓存：DokuWiki 存储 Wiki 页面渲染后的输出，以减少服务器的负载；

⑧全文检索：DokuWiki 集成有一个索引搜索引擎，用户可以在 Wiki 上搜索关键字；

⑨编辑器：DokuWiki 不提供所见即所得的编辑器，但有提供编辑工具条。

可以看出 Dokuwiki 支持多人协同创作，支持知识的交流、共享、积累与创新，它的应用可以集合众多人的智慧，为图书馆改进业务工作和信息服务方式提供一种新的思路和模式。同时，还促进馆员之间的信息、知识交流和共享，加强内部合作，帮助图书馆集思广益，提高工作质量和工作效率。因此，我们选开源软件 DokuWiki 作为我们馆的维基平台。

4. 新闻聚合系统

由于我们使用开源软件 WordPress 搭建了图书馆门户网站应用中的两个平台，一个是图书馆门户新闻消息（包含有本馆新闻消息、文化活动、资源动态和试用数据库）的发布平台，另一个是图书馆电子数据库简介的发布平台。这两个平台发布的消息均是对读者开放评论的，也就是说任何读者都可以针对某个主题进行留言，而咨询馆员则要对读者的咨询（意见或者建议等）及时地给予反馈，但是由于平台数量众多，若一个一个平台地点击查看的话，一是费时费力，二是有可能有"漏网之鱼"。所以，我们需要一个新闻聚合平台，帮我们把所有的未曾阅读的消息以及读者评论聚合在一个平台，这样的信息的高度集中可以减轻咨询馆员身上的担子。

经过考察发现开源软件 Lilina 是一个简单、基于文本文件（不需要使用数据库）的新闻聚合器。支持 RSS 与 Atom Feed。具有 Feed 自动发现，RSS 输出等功能。用 PHP 写成，使用了 HTML Purifier 和 SimplePie 两个 PHP 库。Lilina 支持 RSS 和 ATOM 格式的 Feed，并且支持从 OPML 中导入 Feed。具有以下特点：

①快速易安装：只要服务器上已经安装了 Web 服务器以及 PHP，我们将会在短短几分钟内就能安装好并且运行起来 Lilina，到时候只需要有个浏览器，我们就

能随时随地浏览我们订阅的新闻消息;

②支持博客:可以直接从网页上订阅我们喜欢的博客;

③可扩展性:对各种插件系统具有较好的兼容性;

④界面风格可定制:Lilina 具有较强的灵活性,可以随意定制我们喜欢的界面风格。

由于 Lilina 具有轻巧好用、易搭建,并且能聚合多个 RSS 源等优点,所以,我们就选 Lilina 作为华东师大图书馆的新闻聚合软件,这对于一个图书馆工作的咨询馆员来说是非常有用的。

在我们进行华师大图书馆门户网站改版期间,每到要"攻克"一个应用软件的时候,我们便把相关的基于 PHP + MySQL 开发模式的开源软件进行下载、安装、本地化和测试。其中下载、安装和本地化是由程序员负责,而功能测试环节则少不了团队的配合,需要群策群力,只有大家共同的智慧才能"锤炼"出优质的软件平台,以更好地提升图书馆的各项服务。经过大家的不懈努力,我们最终选取了开源软件 WordPress、Drupal、phpBB 和 Lilina 分别作为华东师大图书馆门户网站中的新闻消息发布平台、馆员园地平台、读者园地平台以及新闻聚合网。后面的章节将会给大家详细地介绍如何下载、安装和使用。接下来的一节则先给大家介绍一下安装开源软件之前所必需的服务器操作系统等的环境搭建。

1.4 开源软件安装环境的搭建

我们知道一粒种子若想生根发芽,那么,土壤、水分和氧气就成为不可或缺的条件,同样的,我们若想搭建一个基于开源软件系统也需要一些必备的条件,譬如一台性能良好的服务器、一个防御完善的操作系统以及运行稳定的 Web 服务器软件等等。下面首先将分别对 Web 服务器和数据库进行多方面比较,进而做出一个合理的选择,最后则介绍 Web 服务器、数据库以及开源脚本语言 PHP 的安装和配置。

1.4.1 服务器操作系统的选择

目前服务器主流操作系统就是 Linux 操作系统和 Windows 操作系统,基于 Linux 的操作系统是 1991 年推出的一个多用户、多任务的操作系统,它与 UNIX 完全兼容。Windows 是由微软公司成功开发的操作系统。Windows 是一个多任务的操作系统,他采用图形窗口界面,用户对计算机的各种复杂操作只需通过点击鼠标就可以实现。Linux 操作系统具有轻便简洁、安全稳定等优点,但是其"一切皆文件"的设计可能会给一般的程序员带来思维上的不习惯,甚至会带来学习上的负担,毕竟大多数人最初接触以及日常使用的都是 Windows 操作系统。基于上述考虑,我们选择了通用性和安全性比较好的 Windows Server 操作系统。

1.4.2 Web 服务器软件的选择

众所周知目前最流行的 Web 服务器软件就要属 Apache 与 IIS 了,很多人甚至包括部分程序员可能都不清楚到底选哪一个好,大部分的程序员并没有根据实际需求而只是根据自己的编程习惯一直使用同一个 Web 服务器软件,下面将简单介绍一下 Apache 和 IIS 的区别:

1. 免费与收费:

一般来说,使用 IIS 建立网站是比较常见的,因为它是集成于 Windows 操作系统中的组件,不需要另外安装,不过要想合法使用 IIS 就要购买正版 Windows 操作系统。而 Apache 则是一款开源的 Web 服务器,是由非营利组织 Apache 软件基金会支持的,不需要支付任何费用就可以免费下载并使用了。

2. 稳定性:

我们知道一个网站若要做到一天 24 小时、一周七天均正常为公众开放,那么 Web 服务就要时刻保持正常运转。所以,稳定性则是 IIS 和 Apache 比较的重点。有开发经验的程序员会发现 IIS 在实际使用中经常出现 500 错误,而且有的时候还会出现莫名其妙的假死现象,用户需要不定期地重新启动 IIS 服务才能保证网站的正常。虽然 Apache 在配置上比 IIS 要复杂,不过一经设置完毕就可以保持长期稳定的工作了。大型网站大多使用 Apache 作为自己网站的 Web 服务器。Apache 的所有配置都保存在配置文件中,使用时完全按照配置文件中记录的信息执行,一般不会发生假死情况。

3. 扩展性:

扩展性是指 Web 服务器是否可以应用于多种场合、多种网络情况、多种操作系统。IIS 只能在微软公司的 Windows 操作系统下使用,离开了 Windows 它将一事无成,也无法移植到其他类型的操作系统中。Apache 则不同,它不仅可以应用于 Windows,而且对于 Unix、Linux 等多种操作系统来说它都可以胜任工作,并且在不同操作系统下的配置步骤基本类似,可移植性非常高,应用范围比较广。

4. 安全性:

经常看到某某网站被黑客攻击或者某某网站被非法用户上传病毒的消息,对于为其他人提供服务的站点来说,安全性是最重要的。如果一个门户网站不能保证自身安全的话,相信没有人愿意浏览和使用了。

早期的 IIS 在安全性方面存在着很大的问题,如果使用默认设置的话,黑客可以轻松乘虚而入。不过在 IIS6 中微软公司对安全方面进行了大幅改进,只要保证操作系统补丁更新及时,就可以将网站安全系数尽可能地提高。

Apache 在安全方面一直做得不错,它具有强大的安全设置,我们只要通过设置和保护 SSH 安全、禁用一些并不需要的服务和模块、隐藏 PHP 版本信息、隐藏端口、禁用自动索引模块以及让 Apache 指定的用户和组来运行等方法来保证网站的安全。

5. 开放性:

所谓开放性就是指是否开放了程序的源代码,众所周知 IIS 是 Windows 系统的一部分,所以,它的源代码是集成的。而 Apache 则不同,最早它是为了 Lunix 系统服务的,所以完全对外开放源代码。任何人都可以分析它的代码,发现其中的漏洞,并发布补丁来弥补该漏洞。正因为 Apache 的这种开放性,也使其安全性大大提高。

6. 难易性:

IIS 看起来比较简单,通过简单的配置之后就可以让 IIS 工作,继而对外发布网站。不过我们发现,管理员很容易出现错误配置和误操作问题,但是总体说来 IIS 还是非常容易学的。与 IIS 相比,Apache 的使用就要难一些,需要有一定计算机及网络基础的人才可以使用,它的配置也不是图形化的,需要我们通过编辑配置文件来实现。但是单从 Apache 的设置上讲,只要我们严格按照帮助文档进行参数设置的话还是没有什么难度的。

通过上述对比,我们最终选择了在稳定性和扩展性比较占优势,但是其他方面也表现不俗的 Apache 作为我们的 Web 服务器。

1.4.3 数据库的选择

大家都知道,我们最常见的数据库莫过于 Access、MS – SQL、MySQL 这三个,但是在建站的时候到底哪一个数据库才是适合自己网站的呢？下面就给大家简单介绍一下这三款常用数据库的功能以及它们之间的区别。

1. Access 数据库

Access 是一种桌面数据库,只适合数据量少的应用,在处理少量数据和单机访问的数据库时是很好的,效率也很高。但是它的同时访问客户端不能多于 4 个。Access 数据库有一定的极限,如果数据达到 100M 左右,很容易造成服务器 IIS 假死,或者消耗掉服务器的内存导致服务器崩溃。

2. SQL Server 数据库

SQL Server 是基于服务器端的中型的数据库,可以适合大容量数据的应用,在功能和管理上也要比 Access 强得多。在处理海量数据的效率、后台开发的灵活性、可扩展性等方面强大。因为现在数据库都使用标准的 SQL 语言对数据库进行管理,所以,如果是标准 SQL 语言,两者基本上都可以通用的。SQL Server 还有更多的扩展,可以用存储过程,数据库大小无极限限制。SQL Server 的主要特点有:

(1)真正的客户机/服务器体系结构。

(2)图形化用户界面,使系统管理和数据库管理更加直观、简单。

(3)丰富的编程接口工具,为用户进行程序设计提供了更大的选择余地。

(4)SQL Server 与 Windows NT 完全集成,利用了 NT 的许多功能,如发送和接收消息、管理登录安全性等。

(5)具有很好的伸缩性,可跨越从运行 Windows 95/98 的膝上型电脑到运行 Windows 2000 的大型处理器等多种平台使用。

(6)对 Web 技术的支持,使用户能够很容易地将数据库中的数据发布到 Web 页面上。

(7) SQL Server 提供数据仓库功能,这个功能只在 Oracle 和其他更昂贵的 DBMS 中才有。

3. MySQL 数据库

MySQL 是一个开放源码的小型关系型数据库管理系统,目前被广泛地应用在 Internet 上的中小型网站中。由于其体积小、速度快、总体拥有成本低,尤其是开放源码这一特点,许多中小型网站为了降低网站总体拥有成本而选择了 MySQL 作为网站数据库。

MySQL 数据库的特点有:

(1) MySQL 的核心程序采用完全的多线程编程。线程是轻量级的进程,它可以灵活地为用户提供服务,而不占用过多的系统资源。

(2) MySQL 可运行在不同的操作系统下。简单地说,MySQL 可以支持 Windows95/98/NT/2000 以及 UNIX、Linux 和 SUN OS 等多种操作系统平台。

(3) MySQL 有一个非常灵活而且安全的权限和口令系统。当客户与 MySQL 服务器连接时,它们之间所有的口令传送被加密,而且 MySQL 支持主机认证。

(4) MySQL 支持 ODBC for Windows。MySQL 支持所有的 ODBC 2.5 函数和其他许多函数,这样就可以用 Access 连接 MySQL 服务器,从而使得 MySQL 的应用被大大扩展。

(5) MySQL 支持大型的数据库。虽然对于用 PHP 编写的网页来说只要能够存放上百条以上的记录数据就足够了,但 MySQL 可以方便地支持上千万条记录的数据库。

(6) MySQL 拥有一个非常快速而且稳定的基于线程的内存分配系统,可以持续使用而不必担心其稳定性。

(7) 强大的查询功能。MySQL 支持查询的 SELECT 和 WHERE 语句的全部运算符和函数,并且可以在同一查询中混用来自不同数据库的表,从而使得查询变得快捷和方便。

(8) PHP 为 MySQL 提供了强力支持,PHP 中提供了一整套的 MySQL 函数,对 MySQL 进行了全方位的支持。

通过对上述 Access、MS-SQL、MySQL 这三个数据库的对比分析,我们选择灵活性较优、性能良好并且开源的 MySQL 作为开源软件的数据库。

1.4.4 Web 服务器软件和数据库的下载和安装

在第一节我们说操作系统选择了通用性和安全性比较好的 Windows Server，众所周知前几年市场上服务器操作系统使用较多的是 Windows Server 2003 版本，目前 Windows Server 2008 应该是主流的服务器操作系统。由于有一些程序员依旧习惯使用 Windows Server 2003 操作系统，并且我们知道，Apache、MySQL 和 PHP 升级版本虽然在性能上有了提高，但是在安装配置方面同旧版本基本都是大同小异，就可操作性而言是越来越容易的。因此，我们下面介绍的 Web 服务器 Apache、数据库 MySQL 和脚本语言 PHP 都是针对 Windows Server 2003 操作系统进行版本选择和安装配置的。

Apache 有 2.2.x 和 2.4.x 版本，目前与 Windows Server 2003 操作系统兼容的是 Apache2.2.x 版本，与之对应的 PHP 我们选的是 5.2.x 版本，数据库 MySQL 选的是 5.1 版本。若您使用的操作系统是 Windows Server 2008 及以上版本，那么可以选择 Apache 2.4 版本、PHP7.0 及以上版本以及 MySQL5.7 等版本。

1. 安装 Apache

软件下载地址：http://httpd.apache.org/download.cgi，下载之后双击开始安装，本书中安装的版本是 Apache 2.2.6。在如图 1-2 到 1-11 所示的界面中点击 Next 按钮继续。

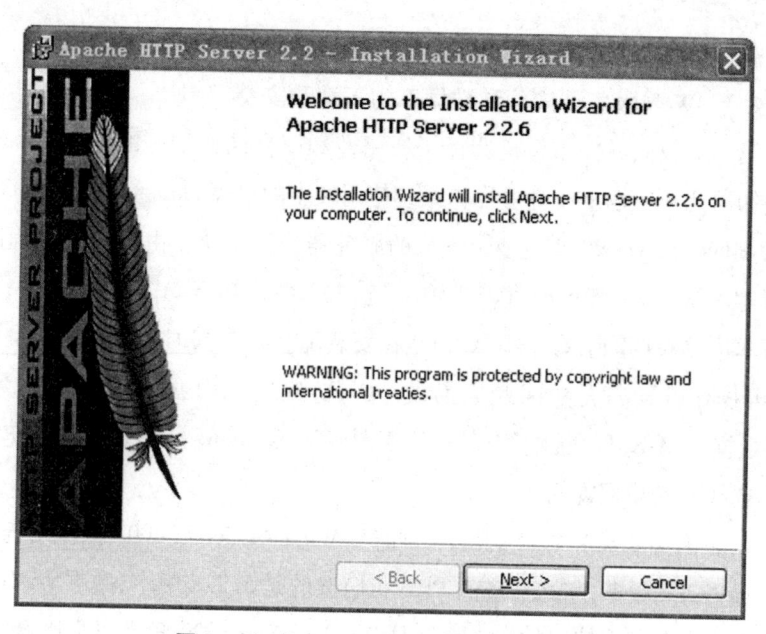

图 1-2　在 Windows 上开始安装 Apache

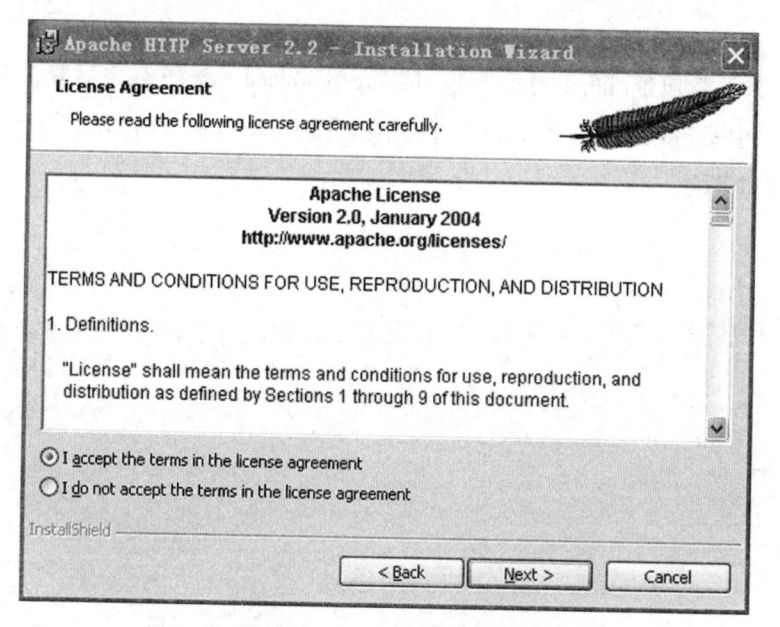

图 1-3　阅读 License 之后选择第一项接受协议

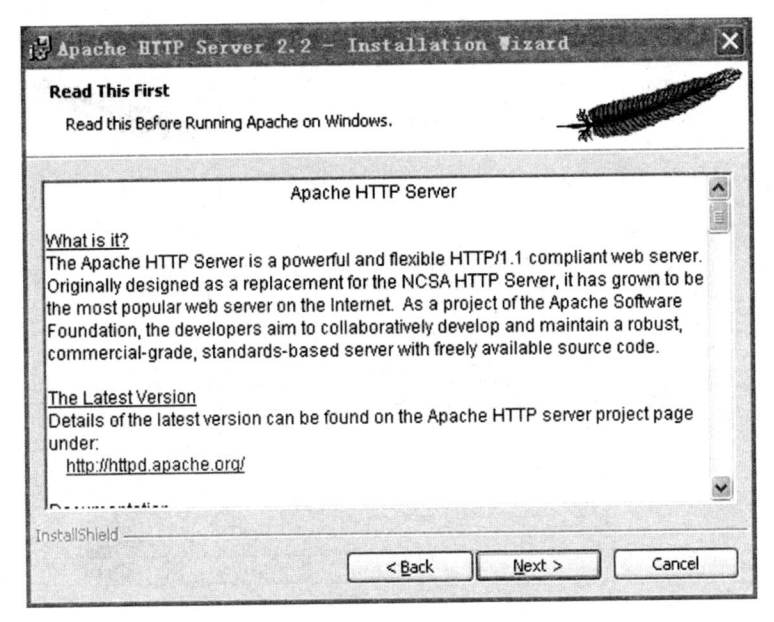

图 1-4　同样阅读之后点击 Next 按钮

图 1-5　输入服务器的详细资料

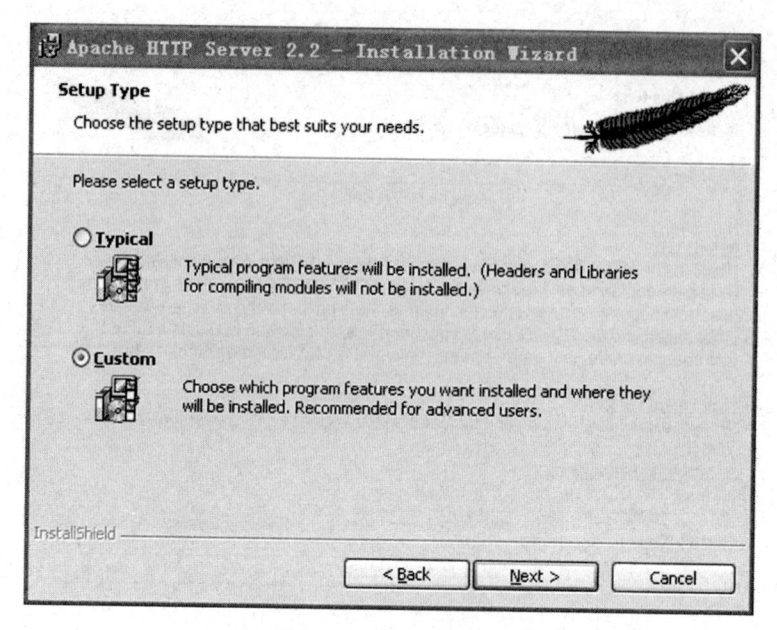

图1-6　选择安装类型

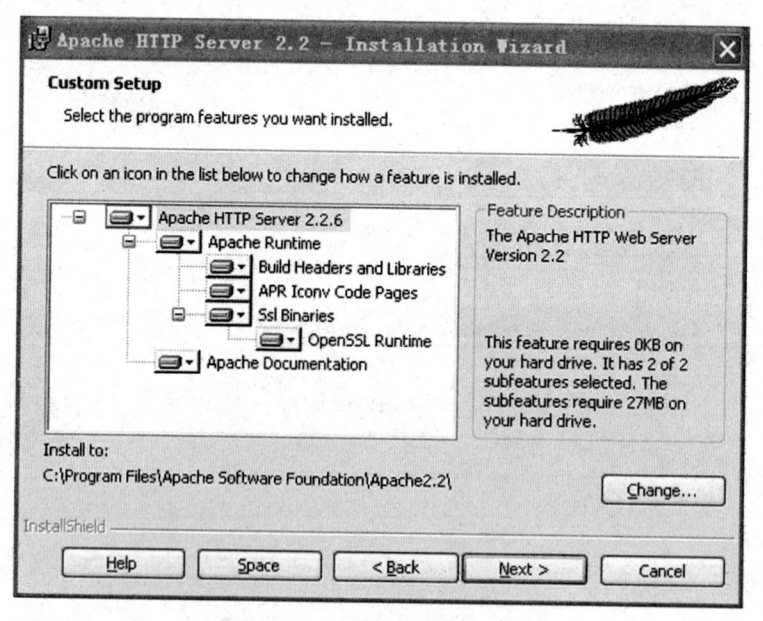

图1-7　Apache的默认安装位置

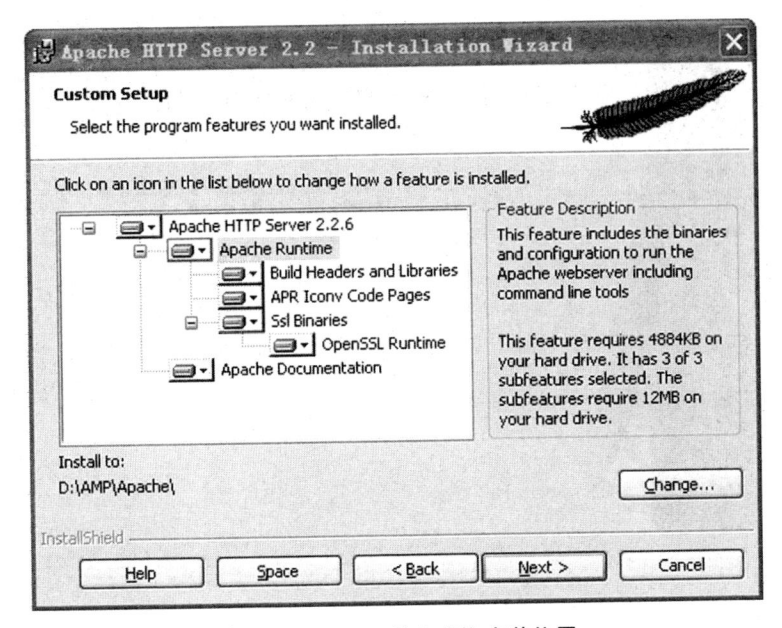

图 1-8　Apache 的自定义安装位置

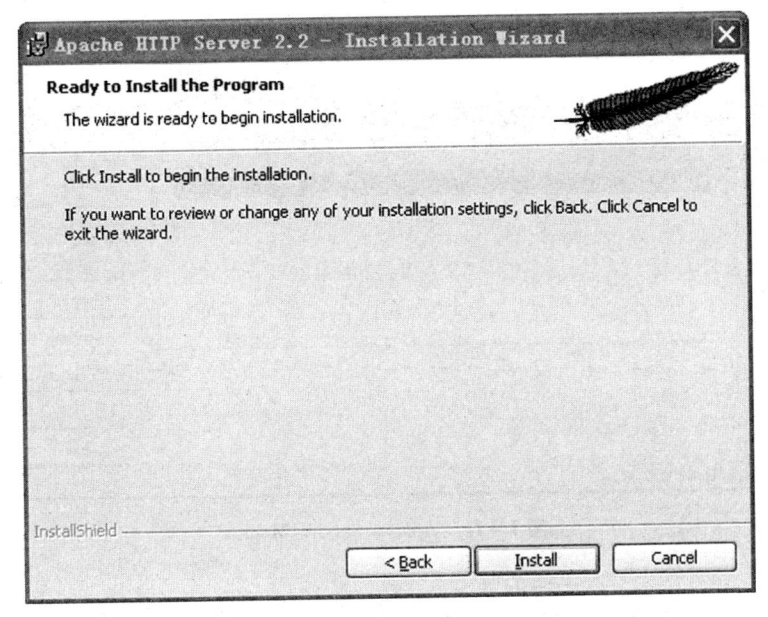

图 1-9　做好初步的配置之后点击 Next 进行安装 Apache

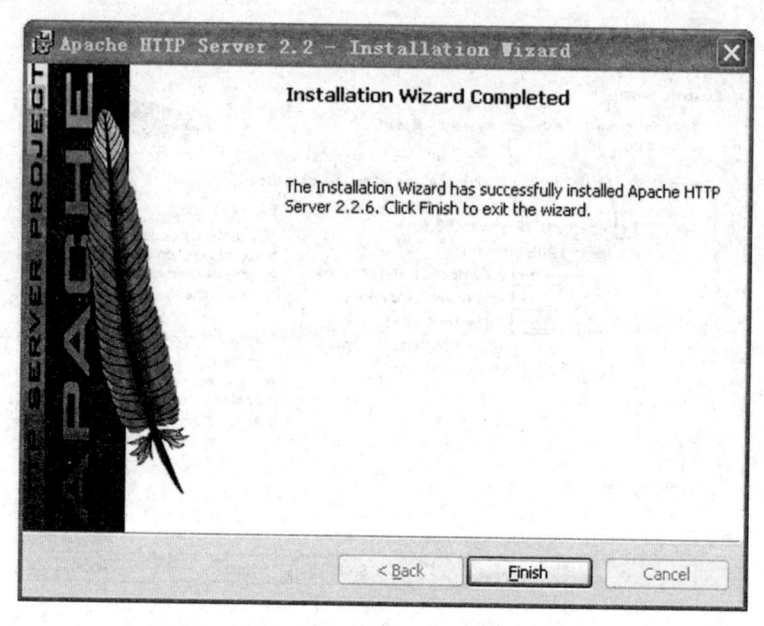

图1-10　Apache 安装完毕,点击 Finish 按钮

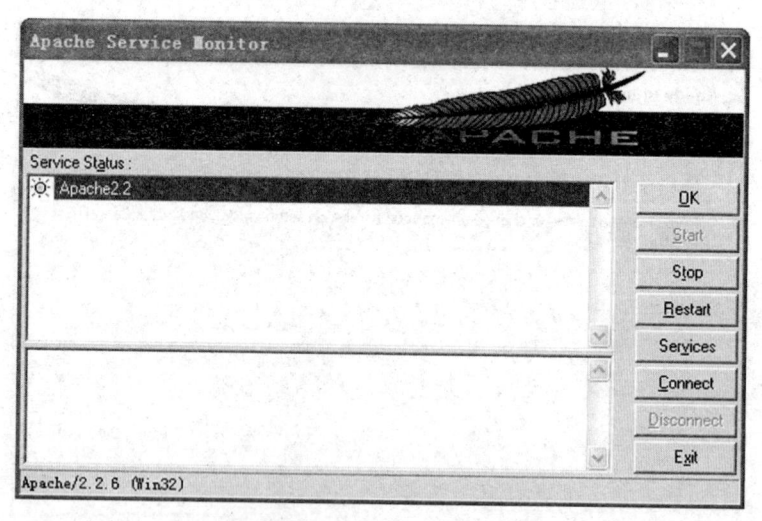

图1-11　Apache Service Monitor

(1)下载完安装程序后,双击这个文件开始安装,你将看到一个欢迎界面,如图1-2所示。

<<< 第一章　图书馆门户改版思路方法

(2)图1-5则需要输入服务器的域名、主机名和管理员Email地址(服务器名请填写客户端用来访问你服务器的域名),保留选中的Recommended选项以将Apache安装在80端口。

(3)图1-6提供了两种安装模式:Typical(典型安装)或者Custom(自定义安装)。这个一般是尊重程序员的个人编程喜好来选择的,两个方式安装都没问题,在这里我们选择了Custom方式,点击Next按钮。

(4)从图1-7中可以看出自定义安装默认的位置是:C:\Program Files\Apache Software Foundation\Apache 2.2\,而从图1-8中可以看到本书中Apache安装的位置是在D:\AMP\Apache\,其中AMP文件夹是第一步要建立的,在此文件夹下再建立三个文件夹分别为:Apache、MySQL、PHP,后面会讲到MySQL和PHP将会分别安装在各自的文件夹里。点击Next按钮继续安装。

(5)安装成功之后在电脑界面右下角有个Apache的服务器标志,双击则会跳出Apache Service Monitor面板,可以对Apache服务器进行Stop、Restar、Connect、Exit等操作。

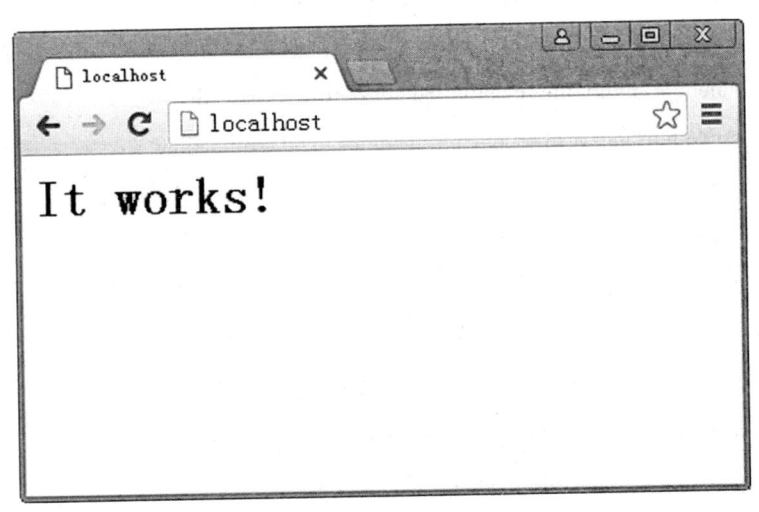

图1-12　Apache默认的安装成功页面

可以通过打开Web浏览器并访问http://localhost/来验证Apache已经成功启动,将显示默认的Apache页面,如图1-12所示。到此,我们已经成功安装了

Apache。

2. 安装PHP

PHP下载地址：http://php.net/downloads.php，本书安装的PHP版本为5.2.5。打开压缩文档，将zip压缩文档的内容解压到D:\AMP\PHP。PHP的安装过程需要手动将PHP模块添加到Apache中。下面请使用文件资源管理器打开Apache配置目录(本书中安装的位置是D:\AMP\Apache\conf)，然后编辑httpd.conf文件，定位到有好多个LoadModule指令的段，其中一些指令会有一个#的标记前缀，如下所示：

```
LoadModule actions_module modules/mod_actions.so
LoadModule alias_module modules/mod_alias.so
LoadModule asis_module modules/mod_asis.so
LoadModule auth_basic_module modules/mod_auth_basic.so
#LoadModule auth_digest_module modules/mod_auth_digest.so
#LoadModule authn_anon_module modules/mod_authn_anon.so
#LoadModule authn_dbm_module modules/mod_authn_dbm.so
LoadModule authn_default_module modules/mod_authn_default.so
LoadModule authn_file_module modules/mod_authn_file.so
#LoadModule authz_dbm_module modules/mod_authz_dbm.so
LoadModule authz_default_module modules/mod_authz_default.so
LoadModule authz_groupfile_module modules/mod_authz_groupfile.so
LoadModule authz_host_module modules/mod_authz_host.so
LoadModule authz_user_module modules/mod_authz_user.so
LoadModule autoindex_module modules/mod_autoindex.so
#LoadModule cern_meta_module modules/mod_cern_meta.so
LoadModule cgi_module modules/mod_cgi.so
#LoadModule dav_module modules/mod_dav.so
#LoadModule dav_fs_module modules/mod_dav_fs.so
#LoadModule deflate_module modules/mod_deflate.so
LoadModule dir_module modules/mod_dir.so
```

LoadModule env_module modules/mod_env.so
#LoadModule expires_module modules/mod_expires.so
#LoadModule file_cache_module modules/mod_file_cache.so
#LoadModule headers_module modules/mod_headers.so
LoadModule imagemap_module modules/mod_imagemap.so
LoadModule include_module modules/mod_include.so
#LoadModule info_module modules/mod_info.so
LoadModule isapi_module modules/mod_isapi.so
LoadModule log_config_module modules/mod_log_config.so
LoadModule mime_module modules/mod_mime.so
#LoadModule mime_magic_module modules/mod_mime_magic.so
#LoadModule proxy_module modules/mod_proxy.so
#LoadModule proxy_ajp_module modules/mod_proxy_ajp.so
#LoadModule proxy_balancer_module modules/mod_proxy_balancer.so
#LoadModule proxy_connect_module modules/mod_proxy_connect.so
#LoadModule proxy_http_module modules/mod_proxy_http.so

向 LoadModule 段添加下列内容来告知 Apache 在启动时载入 PHP 模块：

LoadModule php5_module D:/APM/PHP/php5apache2_2.dll

另外，添加如下内容以确保 Apache 知道 php.ini 所在的位置：

PHPIniDir "D:/AMP/PHP"

接着搜索带入如下指令的 AddType 部分：

AddType application/x-compress .Z

AddType application/x-gzip .gz .tgz

添加如下内容告知 Apache 将任何 .php 文件当作 PHP 脚本处理，也把 .html 文件当作脚本处理：

AddType application/x-httpd-php .php

AddType application/x-httpd-php .html

假设我们的 Web 应用是安装在 D:\web 下，那我们一定要修改 DocumentRoot "D:/web/"，

27

同时，ServerName localhost 也应该改成相应的服务器地址或者 IP 地址。做好这些更改之后我们要重启 Apache 服务器，如果在重启 Apache 时遇到问题，从控制面板中检查系统事件日志，然后到管理工具中寻找报错信息，根据信息再解决问题。

现在，我们准备检查 PHP 是否在正常运作，在 D:\web 下创建一个包含下列内容的名为 phpinfo.php 的文件：

```
<? Php
Phpinfo();
? >
```

在 Web 浏览器中访问：http://localhost/phpinfo.php，你将看到一个给出了很多关于 PHP 配置信息的页面，如图 1-13 所示。

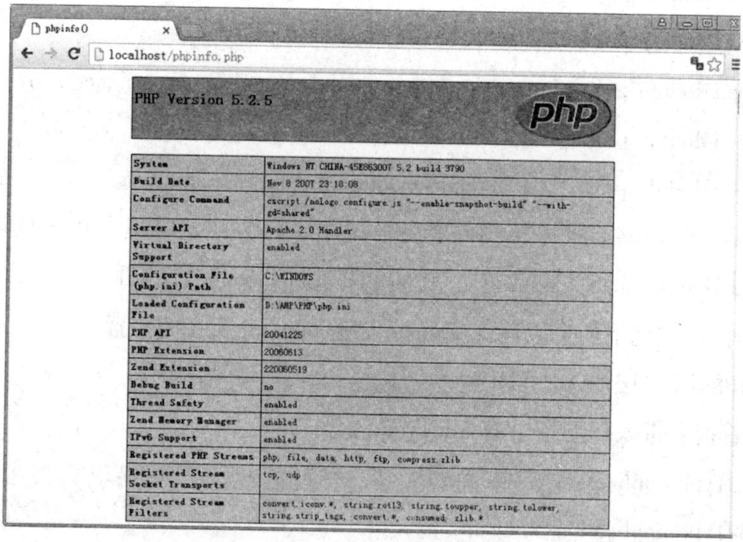

图 1-13 phpinfo.php 显示页面

当出现图 1-13 所示的页面时，说明 PHP 已经成功安装且配置成功，可以进行使用了。

3. 安装 MySQL

MySQL 下载地址：https://www.mysql.com/，本书所用 MySQL 版本是 5.1.44。

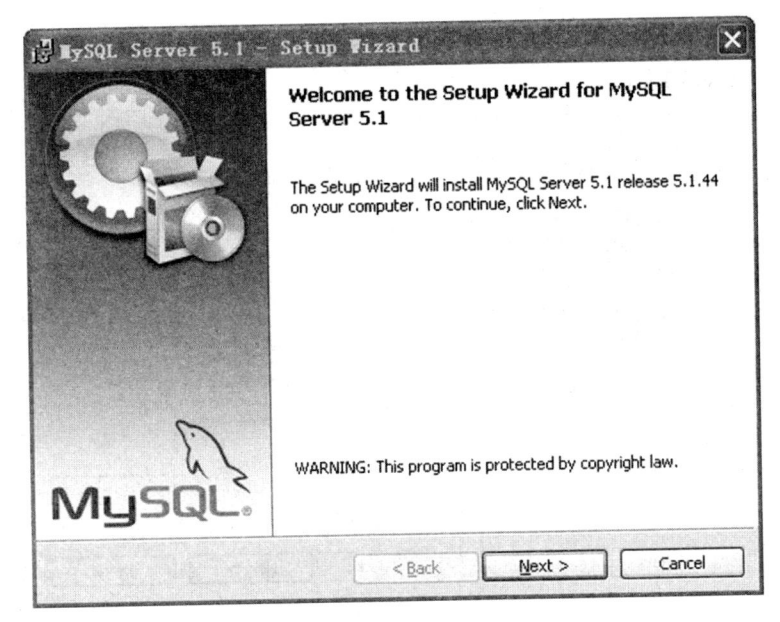

图 1-14　开始安装 MySQL

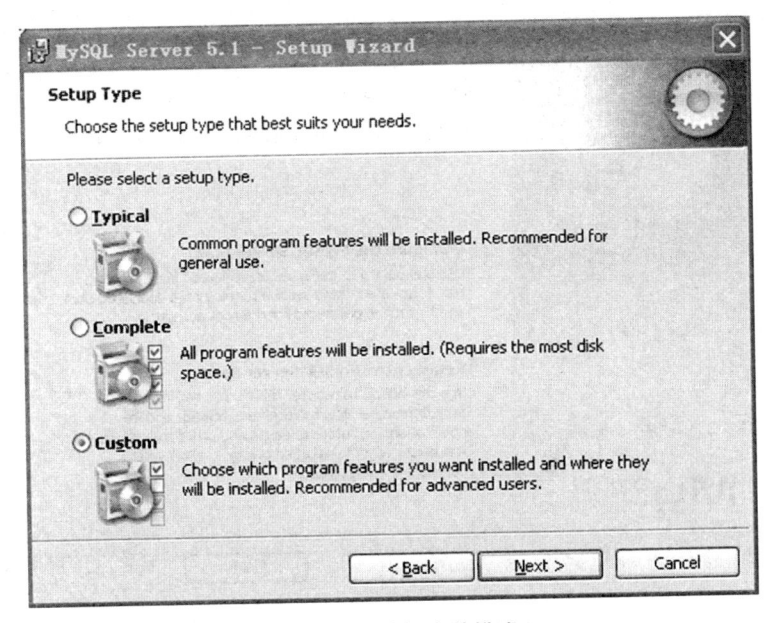

图 1-15　选择安装模式

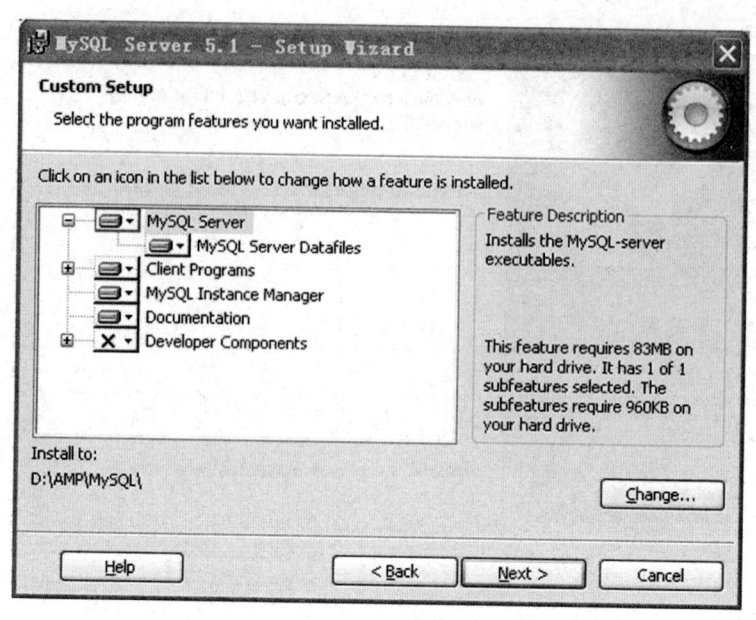

图 1–16　一直点击 Next 按钮

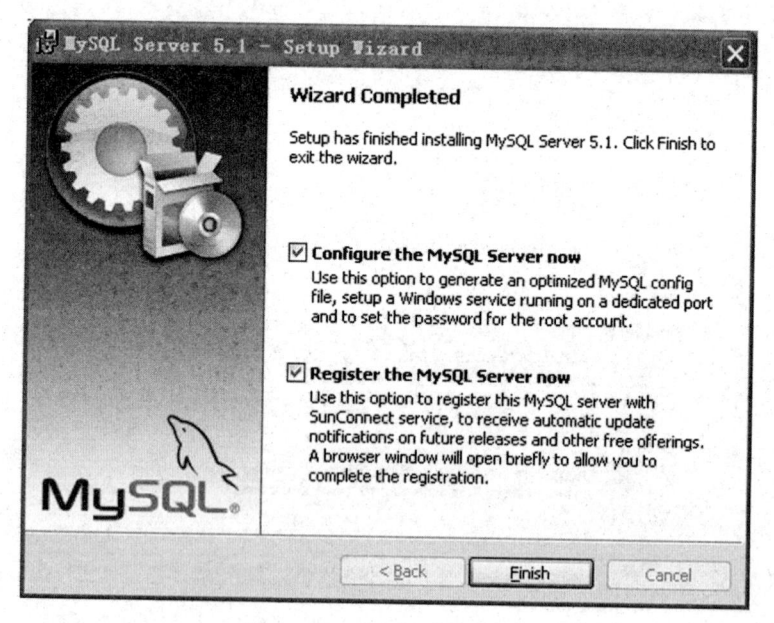

图 1–17　MySQL 配置向导

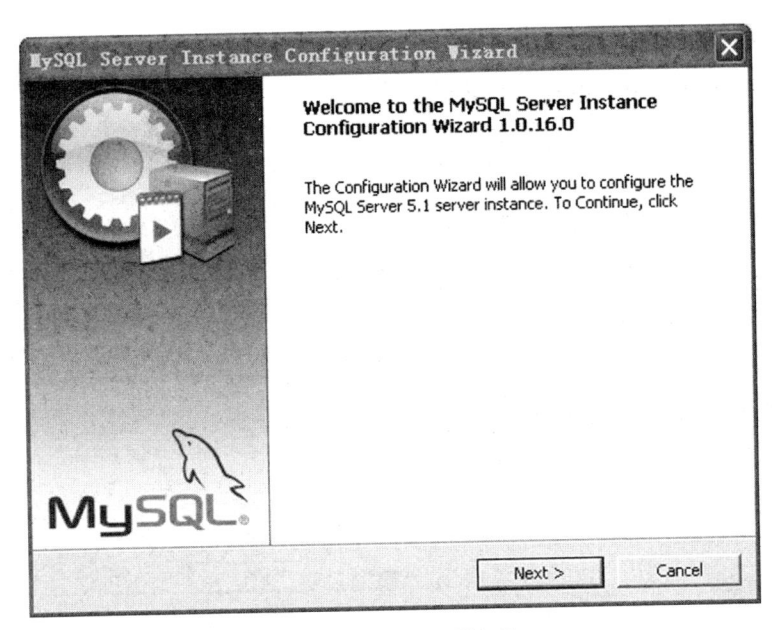

图 1-18 进入配置向导

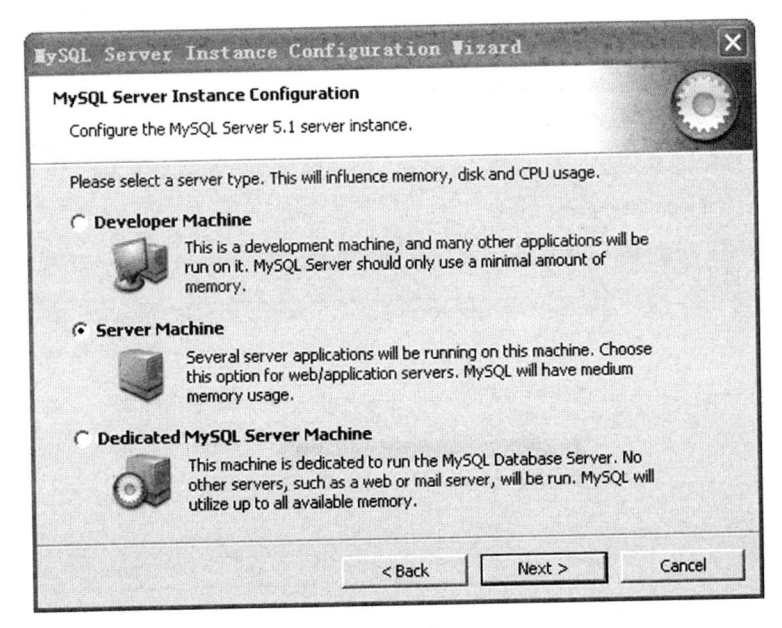

图 1-19

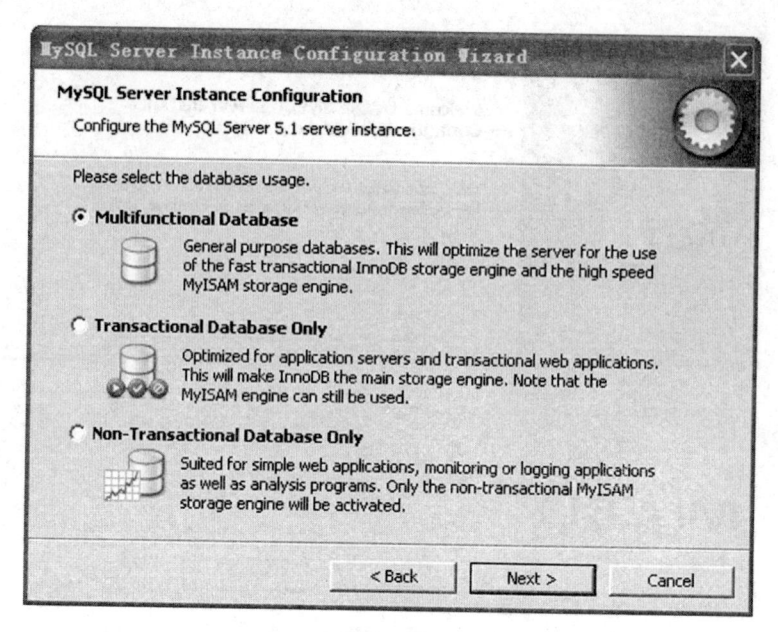

图 1–20

图 1–21

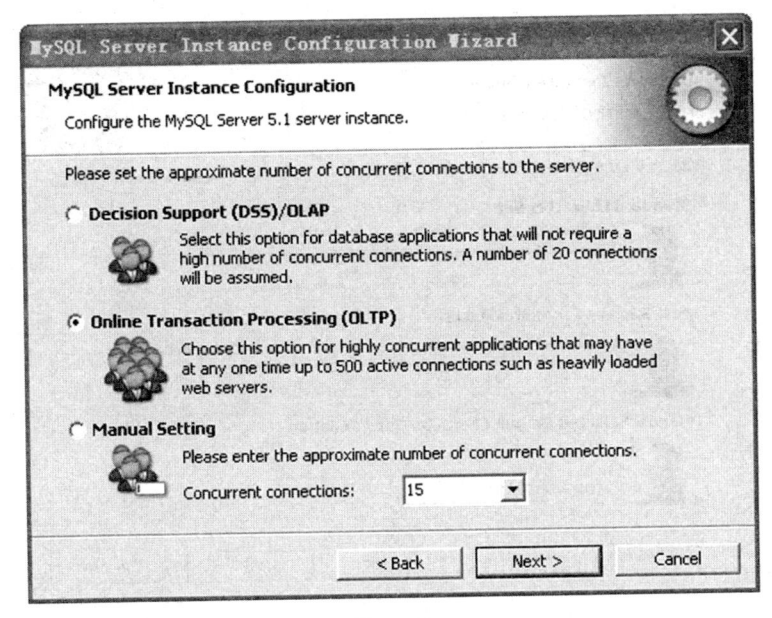

图 1 – 22

图 1 – 23

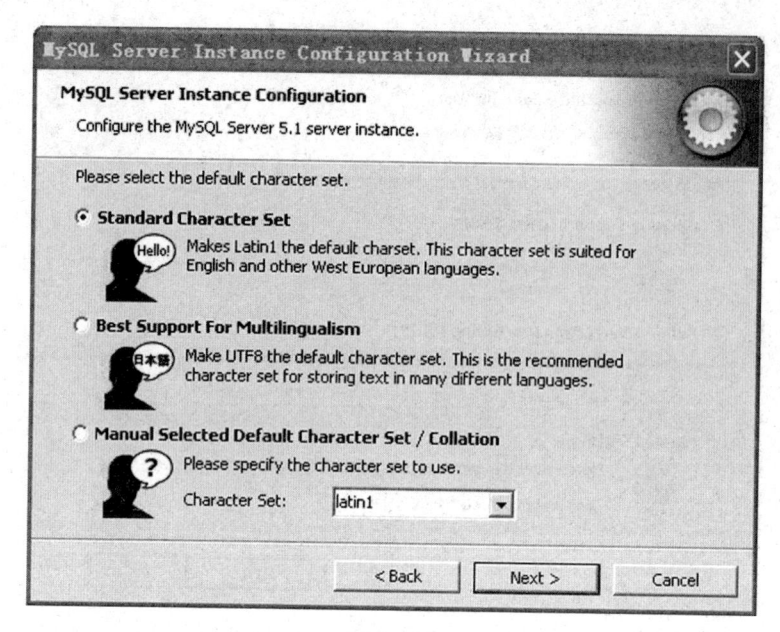

图 1-24

图 1-25

<<< 第一章 图书馆门户改版思路方法

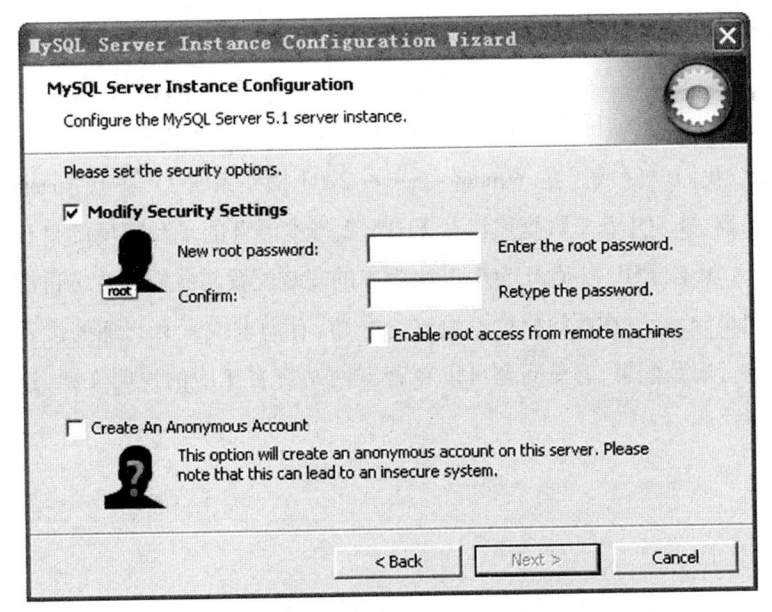

图 1-26 填写密码之后点击 Next 按钮直到安装结束

(1) 双击 *.msi 文件开始安装,这时我们将看到安装向导的第一个界面,如图 1-14 所示,单击 Next 按钮继续。

(2) 选择安装模式,有三种方式可以选:典型(Typical)、完全(Complete)和自定义(Custom),如图 1-15 所示。自定义模式允许挑选和选择要安装的 MySQL 组件,而完全安装则会安装 MySQL 的所有组件,包括文档和工具包套件。典型安装方式适合于大多数的用户,因为它包括了用来对 MySQL 安装进行一般性管理的客户机、服务器和总舵工具。本书的 MySQL 选取 Custom 安装模式,安装目录是 D:\AMP\MySQL。

(3) 安装过程完成后,可以选择继续 MySQL Configuration Wizard(MySQL 安装向导),建议大家把配置向导这个复选框勾选上,因为它会创建一个自定义的 my.ini 文件,然后根据你的具体需求而设置。把 Configuration the MySQL Server Now 复选框勾选上,点击 Finish 按钮(图 1-17)。接下来几步的具体配置查看图 1-18 到 1-26。

(4) 安装和配置向导完成后会生成一个 my.ini 文件在 D:\AMP\MySQL 目录下,可以使用文本编辑器手动编辑 my.ini 文件,在修改之后必须重启 MySQL 服务器。

现在 MySQL 已经安装完毕，如果在安装过程中碰到任何问题可以查看 MySQL 手册，链接为：https://dev.mysql.com/doc/。

到此，我们就完成了在 Windows Server 2003 操作系统上，基于 Apache2.2 的 Web 服务器、MySQL 5.1 数据库以及 PHP5.2 脚本语言的平台环境的搭建。由于 Apache2.4 版本、PHP 以及 MySQL 升级版本的安装配置与我们本章节讲解的安装配置大同小异，所以在此我们就不再逐一介绍，有需求或者有兴趣的读者可以自己下载进行安装配置，遇见问题可以在官方网站查看相应的说明文档，这是一个很好的帮手。

第二章

开源软件 WordPress 在图书馆门户网站中的应用

2.1 开源软件 WordPress 软件的安装及升级

WordPress 是基于 PHP 和 MySQL 的免费开源内容管理系统(CMS)。为了运行,WordPress 必须安装在一个 Web 服务器上,这个服务器可以是 Internet 托管服务的一部分,也可以是一个网络主机。

托管服务中比较典型的网站是 WordPress.com,此网站提供比较全面的 WordPress 托管服务。托管服务免去了很多搭建的过程,但是功能有限,如果需要更强大的功能的话,则需要付费获取。

若我们有自己的网络主机,那么就可以直接在官方网站下载开源软件包进行安装。读者可以自行安装开源软件包用来达到单用户测试和学习的目的。截至 2018 年 1 月,WordPress 在顶级的千万个网站中使用率超过 29.3%。WordPress 据说是网络上最流行的网站管理或博客系统,支持网站超过 6000 万个。

WordPress 于 2003 年 5 月 27 日由创始人 Matt Mullenweg 和 Mike Little 作为 b2/cafelog 的分支发布。WordPress 是在 GPLv2(或更高版本)许可下发布的。

2.1.1 WordPress 软件版本介绍

WordPress 从 2003 年发布以来,一直受到广泛的关注。版本更新也是相当迅速。目前,WordPress 已经发布了 4.9.2 版本,下面介绍 WordPress 的主要版本以及功能更新。

1. WordPress 0.7

2003年5月27日,WordPress0.7发布。WordPress0.7使用与前一版本b2/cafelog相同的文件结构,并继续使用上一版本0.6的编号。官方的WordPress版本档案页面中只有0.71-gold可供下载。

2. WordPress 1.0

2004年1月3日,WordPress1.0正式发布。新增搜索引擎、友好的固定链接,多个类别,简单的安装和升级,评论管理,XFN支持,Atom支持。

3. WordPress 2.0

2005年12月31日,WordPress2.0发布。增加了丰富的编辑功能,更好的管理工具,图像上传功能,更快的发布功能,改进的导入系统。

4. WordPress 2.2

2007年5月16日,WordPress2.2发布。添加了对模板的小部件支持,更新了Atom提要支持和速度优化。

5. WordPress 2.3

2007年9月24日,WordPress2.3发布。添加了本地标记支持、新的分类系统的类别和简单的通知更新,完全支持Atom 1.0,发布了协议以及进行了一些急需的安全修复。

6. WordPress 2.6

2008年7月15日,WordPress2.6发布。增加了新的功能,使WordPress成为一个更强大的CMS:它现在可以跟踪每个帖子和页面的变化,并且只要有网络便可以轻松发布博客。

7. WordPress 2.7

2008年12月11日,WordPress2.7发布。WordPress2.7与以往版本最大的不同是后台界面的重新设计,使布局更加合理,并且添加了更多功能。比之2.6版本,2.7版本在宽屏上显示就漂亮许多了。

控制板组件化,可以随意组合、隐藏、显示组件,快速发布功能,线程化可分页评论,直接在控制板里回复评论,直接安装插件等。还有一个不能不提的就是2.7版本可以自动升级,以后你将不用再重复下载、解压、上传文件等步骤,WordPress2.7会自动帮你完成。

8. WordPress 2.9

2009年9月19日,WordPress2.9发布。增加了全局撤销、内置了图像编辑器、批量插件更新以及许多不易可见的调整。

9. WordPress 3.0

2010年6月17日,WordPress3.0发布。新版本主要添加功能包括:

(1)多站点功能(Multisite):WordPress和WordPressMU的整合。你可以使用WordPress创建多个网站。

(2)全新的WordPress默认主题"Twenty Ten"充分使用了WordPress3.0的各种新增功能,若想熟悉3.0版本,那这个主题将会是一个很好的研究入口。

(3)自定义菜单管理功能:你可以在混合页面、分类和自定义链接中创建一个或多个菜单。

(4)自定义头部和背景的API:可以减轻开发人员的一部分负担。

(5)更友好的后台Help Tab:在WordPress后台,不同页面点击"help"将显示更多的帮助信息,对于新用户来说很实用。

(6)在安装的时候可以设置用户名和密码。

(7)可批量更新主题。

(8)对自定义文章类型(Custom posttypes)和自定义分类系统(Custom taxonomies)进行了改良。自定义分类系统从此版本开始可支持层级关系。

10. WordPress 3.1

2011年2月23日,WordPress3.1发布。WordPress3.1添加了诸多新功能:

(1)全新设计的链接方式——今后你可以快速地将文字链接到站点中的其他文章或页面。

(2)添加了"管理工具条"功能,方便常用功能的使用。

(3)简洁的流程化写作界面默认隐藏了极少用到的功能(在"页面选项"中可恢复它们)。

(4)提供了新的后台蓝色配色方案。

(5)开发者也有糖吃——"文章形式"的功能让开发者在为某个主题设计"微博"文章格式时更加顺手。

(6)新内容管理系统(CMS)提供了用来显示自定义文章类型的归档页面的

支持。

此版本还包含了全新的"网络管理员"、导入和导出系统的改造、分类法高级查询等功能。

11. WordPress 3.3

2011年12月12日,WordPress3.3发布,代号为Sonny。有经验的用户一定会喜欢全新的"拖放上传工具"、鼠标悬浮式导航菜单、一体化工具栏、增强的合作编辑体验以及Tumblr导入工具。3.3版本新增了"气泡提示"功能,就是在每次更新WordPress后,若在功能上有大幅度的改动则会主动弹出"气泡"提醒用户。同时,使用3.3版本的用户会看到一个非常友好的消息框,提示你如何开始使用WordPress。每个页面上的"帮助"选项卡也有显著改进,实用性得到极大提升。站点的"仪表盘"也更加兼容iPad和其他平板电脑。

12. WordPress 3.5

2012年12月11日,WordPress2.7发布,代号为Elvin。3.5版本最大的变化就是全新设计的照片上传和相册创建界面。多媒体功能不好用一直是WordPress的缺点,所以在这个版本中重点对此进行了改进。3.5版本还包含了Twenty Twelve主题,它简洁、适用各种用途、可以在各种屏幕尺寸上查看。最后还对"仪表盘"的设计细节进行了优化,新功能包括对Retina显示屏的支持、选色器等。

3.5版本的另一个重大变化是:在后台管理界面中链接管理不见了!近几年来WordPress一直由于它越来越臃肿的体型而被诟病,所以,这个变化在WordPress社区中引发了热烈的讨论,因为对于使用大量友情链接的用户来说,不见了链接管理确实是一个难题。不过正如之前所说,WordPress还是通过官方插件"Link Manager"的形式来补全了这个功能。

13. WordPress 3.8

2013年12月11日,WordPress3.8发布,代号为Parker。它在以下几个方面做了改进:管理界面、移动设备响应式设计、使用Open Sans的新排版、管理员配色方案、重新设计的主题管理界面、简化的主控制面板、"二十四"杂志风格的默认主题,第二版使用"插件优先开发流程"。

14. WordPress 4.0

2014年9月4日,WordPress4.0发布。4.0版本与3.8版本相比有较大的变化,主要有:对媒体管理进行了改进,具有嵌入编写界面、简单的语言更改、主题定制、插件发现并且兼容 PHP5.5 和 MySQL5.6。

15. WordPress 4.1

2014 年 12 月 18 日,WordPress4.1 发布,代号为 Dinah,以纪念爵士歌手黛娜·华盛顿。WordPress4.1 新特性包括:

(1)Twenty Fifteen 新主题:最新的默认主题,是一套以明晰为中心的面向博客的主题,简单的排版兼容任何屏幕尺寸。

(2)免打扰写作:有时,你需要集中精力遣词造句,试试打开免打扰写作模式,在你开始打字时,所有会让你分心的东西都会淡出,但所有的编辑工具又都会在你需要用到它们时立刻出现。

(3)细节变化:WordPress4.1 的语言版本增加到 40 多个;登出会话功能也做了改进:如果你忘记在公用电脑上登出,那么可以前往个人资料页面并登出所有会话;"插件安装器"也会根据你已安装的插件为你推荐值得一试的其他插件。

16. WordPress 4.5

2016 年 4 月 12 日,WordPress4.5 发布。WordPress4.5 主要添加了内联链接、格式化快捷方式、实时响应预览等。

17. WordPress 4.6

2016 年 8 月 16 日,WordPress4.6 发布,代号为 Pepper。WordPress4.6 主要添加了简化的更新、原生字体、内联链接检查器、内容恢复的编辑器改进等。

18. WordPress 4.8

2017 年 6 月 8 日,WordPress4.8 发布,代号为 Evans。WordPress4.8 主要是开发了下一代编辑器。其他则包括 TinyMCE 内联元素/链接边界、新媒体小部件以及文本小部件中的所见即所得,并且能够兼容 Internet Explorer8、9 和 10 三个版本。

19. WordPress 4.9

2017 年 11 月 16 日,WordPress4.9 发布,代号为 Tipton。WordPress4.9 改进了主题定制器体验,包括日程安排、前端预览链接、自动保存修订、主题浏览、改进的菜单功能以及语法高亮显示。增加了新的画廊小部件和更新的文本和视频小部件。主题编辑器在保存产生致命错误的文件时提供警告和回滚。

WordPress5.0 将在 2018 年发布。以上介绍了 WordPress 的历史版本,可以帮助我们加深对 WordPress 的理解,强的软件也是经过多年的发展,一点一点积累起来的,我们学习 WordPress 也应该有章可循。

2.1.2　WordPress 软件的安装及升级

前文已经提到过 WordPress 运行有两种方式,一种是托管服务,另一种是自建网络主机。下面我们将依次介绍这两种方式。托管服务我们将以网站 https://zh-cn.wordpress.com/为例进行介绍;网络主机将以本机为主机进行介绍。

1. wordpress.com 托管服务

进入网站 https://zh-cn.wordpress.com/如图 2-1 所示。

图 2-1　WordPress 社区首页

点击右上角"开始"按钮,进入注册第一步,填写注册内容,如图 2-2 所示。

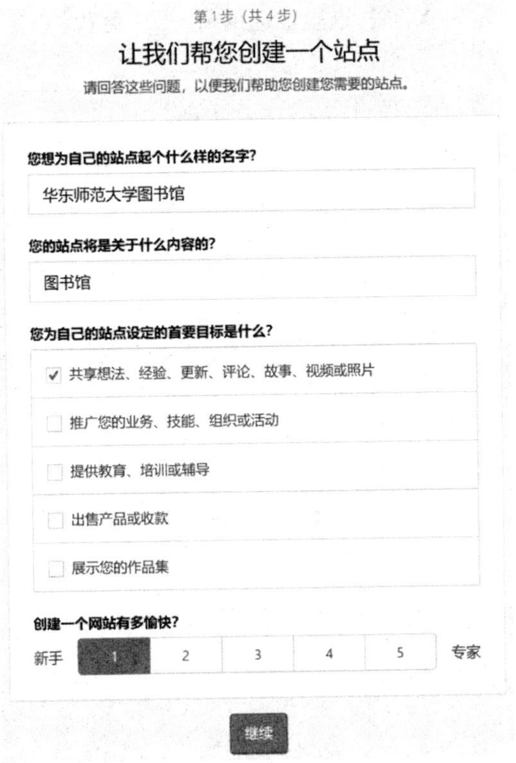

<<< 第二章 开源软件 WordPress 在图书馆门户网站中的应用

图 2-2 填写注册内容

第二步需要填写一个域名,并选择第一个免费域名,如图 2-3 所示。

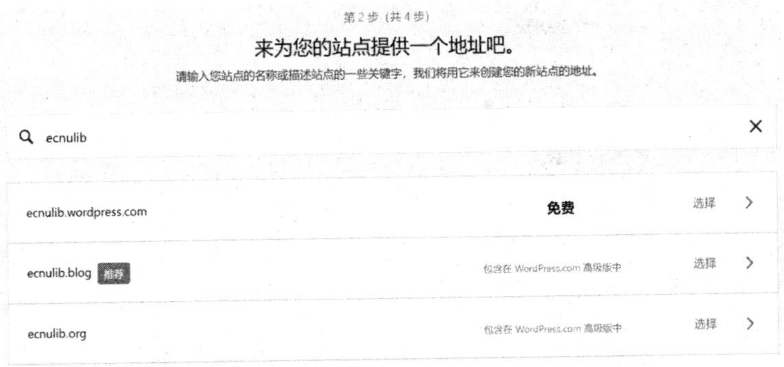

图 2-3 域名选择

第三步需要选择一个套餐，这里也选择第一个"免费"套餐，如图2-4所示。

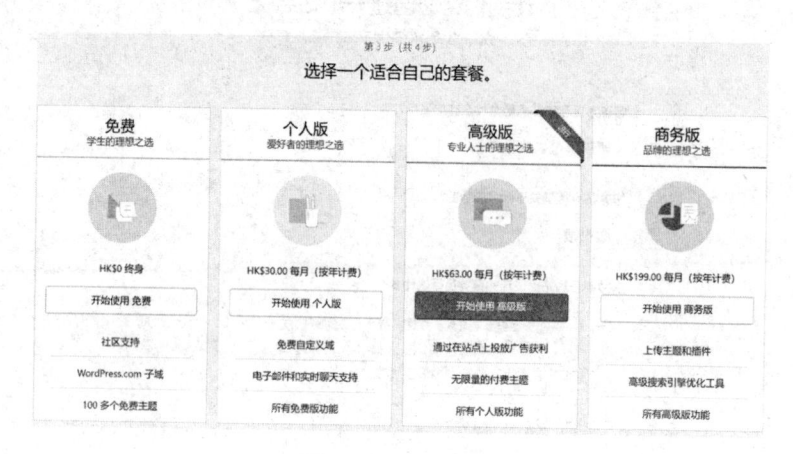

图2-4 套餐选择

第四步，填写邮箱、用户名和密码，如图2-5所示。

图2-5 创建账户

点击继续,然后进入邮箱确认,我们的第一个托管网站就搭建成功了。现在访问网址 https://ecnulib.wordpress.com/就可以看到我们的托管网站了。如图2-6所示。

图 2-6　托管网站首页

目前,网络上提供 WordPress 服务的形式有多种,以上只列举了一个例子,其他的托管服务也大同小异,大家可以自行尝试。

2. 网络主机搭建服务器

在上文中我们介绍了使用托管服务建立 WordPress 网站的方法,托管服务一般都是收费的,价格不等,功能越多费用越高。如果我们已经有一台可使用的网络主机,则可以直接在主机上搭建我们的 WordPress 网站。

首先要为 WordPress 的运行搭建一个基于 Apache + PHP + MySQL 的环境(第一章已介绍)。其次,为了便于给大家说明和介绍,我们将使用本机作为网络主机,本机的 Apache 所配置的 DocumentRoot 为"C:\workplace",访问地址为 http://localhost。

现在需要进入网站 https://cn.wordpress.org/txt-download/,下载最新版的简体中文版 WordPress,截至写文时的最新简体中文版本是 4.9.1。将下载好的

wordpress-4.9.1-zh_CN.zip 文件解压至"C:\workplace"文件夹,并改名为 ecnulib(大家可以根据自己的需求来命名)。打开 ecnulib 文件夹,可以看到如图 2-7 的目录,此目录就是 WordPress 的原始文件目录,也是我们以后深入学习 WordPress 的基础。

名称	日期	类型	大小
wp-admin	2018/2/5 13:49	文件夹	
wp-content	2018/2/5 15:58	文件夹	
wp-includes	2018/2/5 13:49	文件夹	
index.php	2013/9/25 8:18	PHP 文件	1 KB
license.txt	2017/1/3 1:58	文本文档	20 KB
readme.html	2017/11/30 20:20	Chrome HTML Doc...	7 KB
wp-activate.php	2017/9/23 20:21	PHP 文件	6 KB
wp-blog-header.php	2015/12/19 19:20	PHP 文件	1 KB
wp-comments-post.php	2016/8/29 20:00	PHP 文件	2 KB
wp-config-sample.php	2017/11/30 20:20	PHP 文件	3 KB
wp-cron.php	2017/8/20 12:37	PHP 文件	4 KB
wp-links-opml.php	2016/11/21 10:46	PHP 文件	3 KB
wp-load.php	2017/8/22 19:52	PHP 文件	4 KB
wp-login.php	2017/10/13 10:10	PHP 文件	36 KB
wp-mail.php	2017/1/11 13:13	PHP 文件	8 KB
wp-settings.php	2017/10/4 8:20	PHP 文件	16 KB
wp-signup.php	2017/10/19 1:36	PHP 文件	30 KB
wp-trackback.php	2017/10/24 6:12	PHP 文件	5 KB
xmlrpc.php	2016/9/1 0:31	PHP 文件	3 KB

图 2-7 WordPress 根目录

此时,访问网址"http://localhost/ecnulib"就会出现如图 2-8 所示界面。

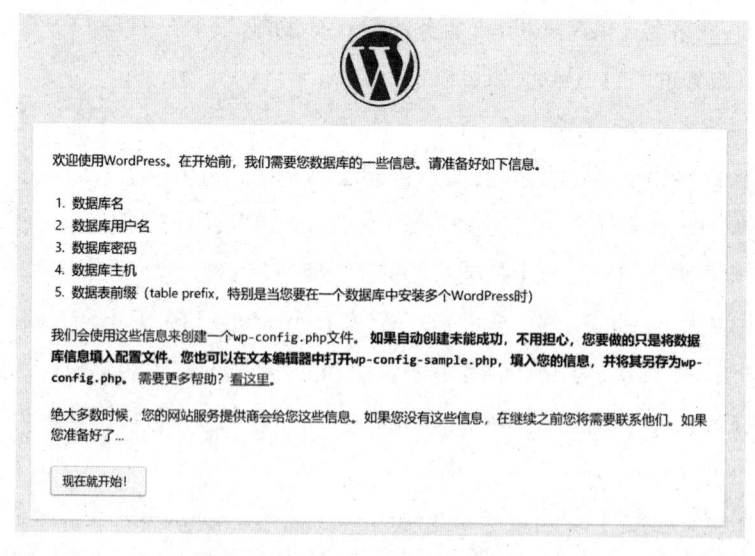

图 2-8 WordPress 配置开始界面

46

点击"现在就开始!"按钮,进入图2-9所示的配置界面,此处需要填写数据库名、用户名和密码等信息。我们需要手动新建一个名称为enculib 数据库。用户名和密码填写你设定好的数据库的用户名和密码,数据库主机则是localhost。除非要在同一个数据库建立多个WordPress网站,否则表前缀一般不需要修改,在这里的表前缀建议修改成与项目名称相同,也就是 ecnulib_。

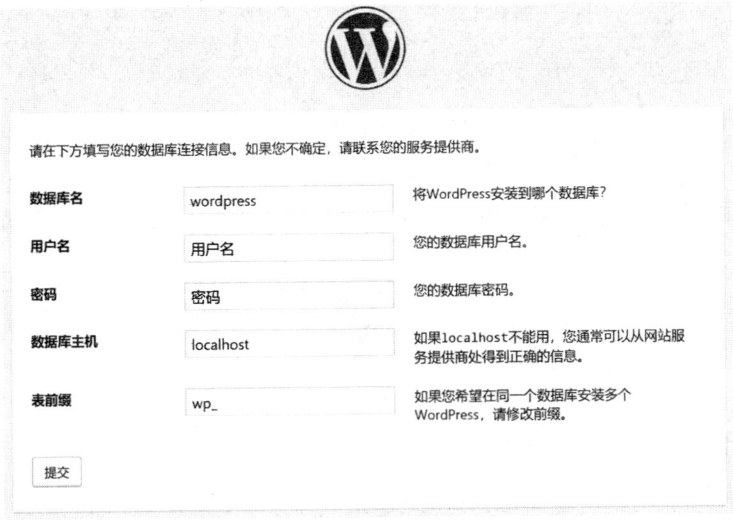

图2-9 数据库配置

我们填写的数据库名为:ecnulib,数据库主机为:localhost,表前缀为:ecnulib_。点击"提交"按钮,如果数据库信息没有填写正确,则会出现如图2-10所示界面。此时,需要按照提示检查用户名、密码、主机名是否正确以及数据库服务器是否在运行。

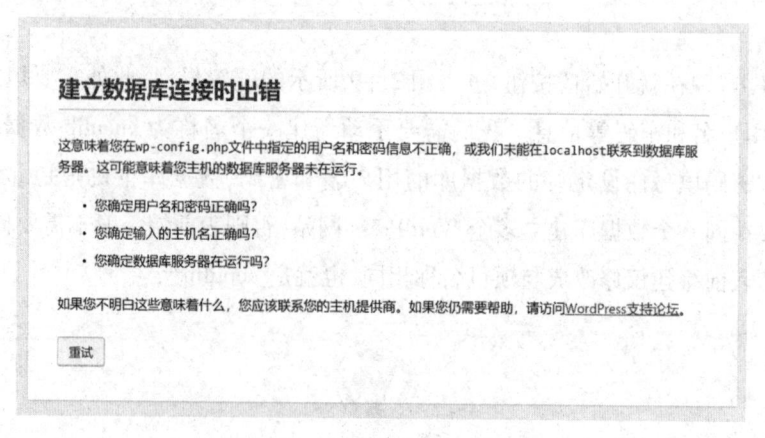

图 2 – 10　连接数据库出错界面

如果填写的内容都没有什么问题，那么就会出现如图 2 – 11 所示的界面。

图 2 – 11　连接数据库成功界面

现在查看 ecnulib 目录就可以看到多了一个文件 wp - config. php，如图 2 – 12 所示。此文件是 WordPress 的基础配置文件，是安装程序自动生成的文件。但是，安装程序有时候不能正常生成此文件，此时需要读者自己手动复制这个文件，并重命名为"wp - config. php"，然后填入相关信息。

<<< 第二章 开源软件 WordPress 在图书馆门户网站中的应用

名称	修改日期	类型	大小
wp-admin	2018/2/5 13:49	文件夹	
wp-content	2018/2/5 17:03	文件夹	
wp-includes	2018/2/5 13:49	文件夹	
index.php	2013/9/25 8:18	PHP 文件	1 KB
license.txt	2017/1/3 1:58	文本文档	20 KB
readme.html	2017/11/30 20:20	Chrome HTML Doc...	7 KB
wp-activate.php	2017/9/23 20:21	PHP 文件	6 KB
wp-blog-header.php	2015/12/19 19:20	PHP 文件	1 KB
wp-comments-post.php	2016/8/29 20:00	PHP 文件	2 KB
wp-config.php	2018/2/5 17:00	PHP 文件	4 KB
wp-config-sample.php	2017/11/30 20:20	PHP 文件	3 KB
wp-cron.php	2017/8/20 12:37	PHP 文件	4 KB
wp-links-opml.php	2016/11/21 10:46	PHP 文件	3 KB
wp-load.php	2017/8/22 19:52	PHP 文件	4 KB
wp-login.php	2017/10/13 10:10	PHP 文件	36 KB
wp-mail.php	2017/1/11 13:13	PHP 文件	8 KB
wp-settings.php	2017/10/4 8:20	PHP 文件	16 KB
wp-signup.php	2017/10/19 1:36	PHP 文件	30 KB
wp-trackback.php	2017/10/24 6:12	PHP 文件	5 KB
xmlrpc.php	2016/9/1 0:31	PHP 文件	3 KB

图 2-12 数据库安装成功后的根目录

一切顺利的情况下,点击"现在安装"按钮,就会进入如图 2-13 所示的欢迎界面,此界面需要填写站点标题,这里我们填写"华东师范大学图书馆"。用户名和密码可以自己填写,这里用户名设置为 admin,密码设置为 111111。实际中一定要使用强密码,系统会反馈密码的强弱。此外,必须填写一个电子邮件,这个电子邮件很重要,是整个系统的管理账号,以后所有的系统通知都会发送到此邮箱。

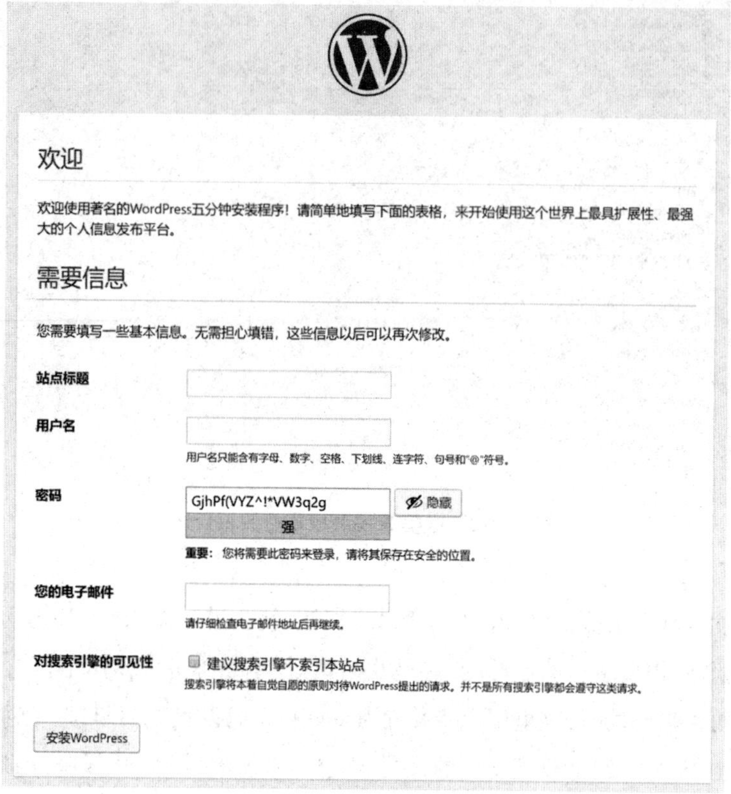

图 2-13　安装程序首页

　　点击"安装 WordPress"按钮即可进行安装。安装成功后,可以查看 ecnulib 数据库,发现多了 12 张数据表,如图 2-14 所示。每一个数据表的前缀都是我们之前设置的 ecnulib_,这 12 张数据表的内容我们将会在后续进行讲解。至此,WordPress 的安装已经全部完成。

<<< 第二章 开源软件 WordPress 在图书馆门户网站中的应用

ecnulib_commentmeta
ecnulib_comments
ecnulib_links
ecnulib_options
ecnulib_postmeta
ecnulib_posts
ecnulib_term_relationships
ecnulib_term_taxonomy
ecnulib_termmeta
ecnulib_terms
ecnulib_usermeta
ecnulib_users

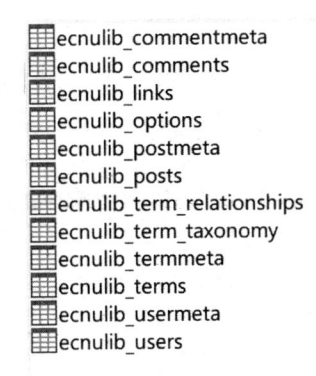

图 2-14 数据库表

在前文已经介绍过了 WordPress 是非常受欢迎的 CMS 系统,版本更新也比较频繁。如果有新版本了,我们不可能每一个新版本都重新安装,在 WordPress 内部提供了更新的方法。首先我们需要登录后台管理系统,登录网址为 http://localhost/ecnulib/wp-login.php。界面如图 2-15 所示,输入我们之前设置的用户名和密码即可。

图 2-15 登录界面

51

登录之后的管理界面如图2-16所示,左侧为操作菜单,右侧为内容页面。默认会进入仪表盘页面,注意在内容页面最上方会提示WordPress的最新版本。

图2-16　后台管理主界面

点击"请现在更新",进入如图2-17所示的WordPress更新界面。页面上端出现了重要提示"在升级前,请备份您的数据库和文件",一般情况下WordPress更新不会出现什么问题,但是仍旧建议做一些备份措施,备份的方法我们将在后面的章节中详细讲述。

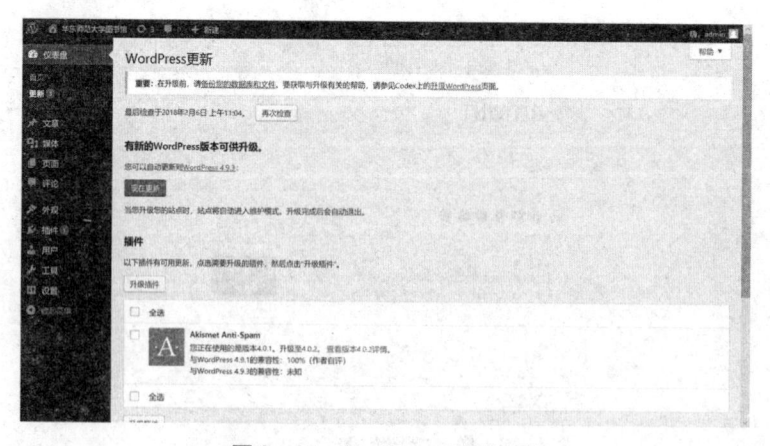

图2-17　WordPress更新界面

<<< 第二章 开源软件 WordPress 在图书馆门户网站中的应用

此外,页面还显示"您可以自动更新到 WordPress4.9.3",点击"现在更新",如果没有什么问题,则会出现图 2-18 所示的界面。

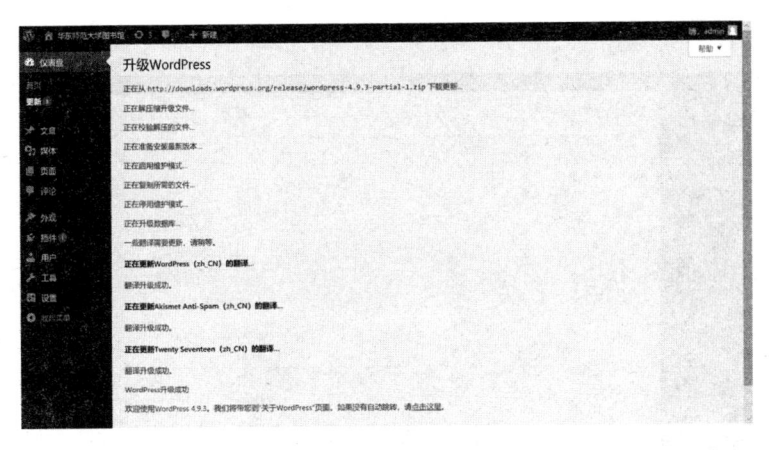

图 2-18 升级后列表信息

更新完成后,则会跳转到图 2-19 所示的更新界面。有兴趣的读者可以点击"发行注记",查看各个版本修复的问题以及更新的内容。

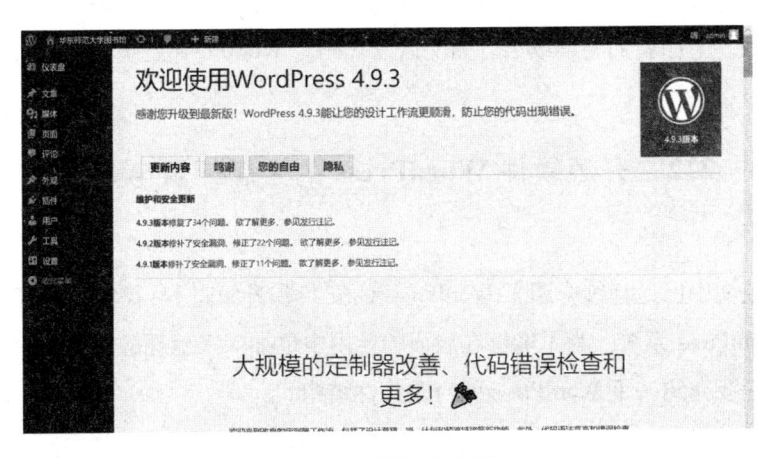

图 2-19 更新成功界面

但是,有些读者在升级过程中会遇到一个问题,即提示"No working transports found",如图 2-20 所示。这个问题不是 WordPress 本身的问题,而是 PHP 的配置问题。打开 PHP 的配置文件 php.ini，找到";extension = php_curl.dll"和";extension = php_openssl.dll"两行，分别去掉两行前面的分号即可，允许 curl 和 openssl 两个模块运行。

图 2-20　升级失败界面

WordPress 的安装和升级方法目前已经介绍完毕，按照本节所讲的步骤进行安装，不仅可以安装完整的 WordPress 系统，更可以加深对 WordPress 整个系统结构的认识。下面我们将继续结合图文以及代码对 WordPress 系统进行剖析。

2.2　开源软件 WordPress 的主题配置与开发

在前文中已经详细介绍了 WordPress 的安装和升级过程，我们已经拥有了完整的 WordPress 系统。为了能够在后面的使用中更加深入地理解 WordPress 系统，我们先简要介绍一下 WordPress 的目录文件结构。

2.2.1　WordPress 的目录文件结构说明

由于 WordPress 的目录文件非常多，我们在这里就列举一些主要目录文件进行简要说明。

1. 根目录。

如图 2-21 所示,WordPress 根目录包含 3 个文件夹和 17 个文件。

名称	修改日期	类型	大小
wp-admin	2018/2/5 13:49	文件夹	
wp-content	2018/2/6 16:15	文件夹	
wp-includes	2018/2/5 13:49	文件夹	
index.php	2013/9/25 8:18	PHP 文件	1 KB
license.txt	2018/2/6 11:43	文本文档	20 KB
readme.html	2018/2/6 11:43	Chrome HTML Doc...	8 KB
wp-activate.php	2017/9/23 20:21	PHP 文件	6 KB
wp-blog-header.php	2015/12/19 19:20	PHP 文件	1 KB
wp-comments-post.php	2016/8/29 20:00	PHP 文件	2 KB
wp-config.php	2018/2/5 17:00	PHP 文件	4 KB
wp-config-sample.php	2017/11/30 20:20	PHP 文件	3 KB
wp-cron.php	2017/8/20 12:37	PHP 文件	4 KB
wp-links-opml.php	2016/11/21 10:46	PHP 文件	3 KB
wp-load.php	2017/8/22 19:52	PHP 文件	4 KB
wp-login.php	2017/10/13 10:10	PHP 文件	36 KB
wp-mail.php	2017/1/11 13:13	PHP 文件	8 KB
wp-settings.php	2017/10/4 8:20	PHP 文件	16 KB
wp-signup.php	2017/10/19 1:36	PHP 文件	30 KB
wp-trackback.php	2017/10/24 6:12	PHP 文件	5 KB
xmlrpc.php	2016/9/1 0:31	PHP 文件	3 KB

图 2-21 根目录

(1)wp-admin 文件夹:主要包含后台管理的页面代码。

(2)wp-content 文件夹:主要包含系统语言包、插件、主题、升级以及用户上传的内容等,此文件夹的内容在使用过程中会不断增加。

(3)wp-includes 文件夹:主要包含系统的基础类库代码以及各种公共代码。

(4)index.php:WordPress 核心索引文件,即输出文件。

(5)license.txt:WordPress GPL 许可证文件。

(6)readme.html:WordPress 安装导言。

(7)wp-activate.php:确认激活码。

(8)wp-blog-header.php:根据参数定义页面显示内容。

(9)wp-comments-post.php:接收评论,并把其添加到数据库。

(10)wp-config.php:这是真正把 WordPress 连接到 MySQL 数据库的配置文件。默认安装中虽不包括它,但由于 WordPress 运行需要这一文件,因此,用户需要编辑这个文件以更改相关设置。

（11）wp – config – sample. php：把 WordPress 连接到 MySQL 数据库的示例配置文件。

（12）wp – cron. php：WordPress 自带的计划任务引擎，处理 WordPress 的定时任务。

（13）wp – links – opml. php：生成 OPML 格式的链接（通过 WordPress 管理菜单添加）列表。

（14）wp – load. php：用于设置 ABSPATH 常量，并用于加载 wp – config. php 文件。

（15）wp – login. php：定义注册用户的登录页面。

（16）wp – mail. php：用来获取通过邮件提交的博文。这个文件的 URL 通常被添加到 cron 任务中，这样 cron 就会定期检索文件并接收邮件日志。

（17）wp – settings. php：运行执行前的例行程序，包括检查安装是否正确、使用辅助函数、应用用户插件、初始化执行计时器等。

（18）wp – signup. php：定义用户注册页面。

（19）wp – trackback. php：处理 trackback 请求。

（20）xmlrpc. php：处理 xmlrpc 请求。用户无需通过内置的网络管理界面就可以发布文章。

2. wp – admin 目录

wp – admin 目录包含后台管理界面的所有内容，如图 2 – 22 所示，wp – admin 包含 7 个文件夹和 81 个 php 文件，下面将对其部分文件进行简要说明。

名称	修改日期	类型	大小
css	2018/2/5 13:49	文件夹	
images	2018/2/5 13:49	文件夹	
includes	2018/2/5 13:49	文件夹	
js	2018/2/5 13:49	文件夹	
maint	2018/2/5 13:49	文件夹	
network	2018/2/5 13:49	文件夹	
user	2018/2/5 13:49	文件夹	
about.php	2018/2/6 11:43	PHP 文件	18 KB
admin.php	2017/10/25 7:00	PHP 文件	11 KB
admin-ajax.php	2017/10/24 4:48	PHP 文件	5 KB
admin-footer.php	2017/1/9 22:38	PHP 文件	3 KB
admin-functions.php	2016/7/6 20:40	PHP 文件	1 KB
admin-header.php	2016/11/21 10:46	PHP 文件	8 KB
admin-post.php	2016/2/25 20:53	PHP 文件	2 KB
async-upload.php	2017/9/22 0:35	PHP 文件	4 KB
comment.php	2016/10/4 14:54	PHP 文件	11 KB
credits.php	2017/11/13 4:00	PHP 文件	5 KB
custom-background.php	2017/7/27 8:40	PHP 文件	20 KB
custom-header.php	2017/10/19 12:18	PHP 文件	46 KB
customize.php	2018/2/6 11:43	PHP 文件	10 KB
edit.php	2017/1/21 10:22	PHP 文件	16 KB
edit-comments.php	2016/12/14 12:18	PHP 文件	14 KB
edit-form-advanced.php	2017/11/16 3:00	PHP 文件	33 KB
edit-form-comment.php	2016/9/17 23:39	PHP 文件	8 KB
edit-link-form.php	2016/12/8 4:18	PHP 文件	6 KB
edit-tag-form.php	2017/9/27 22:39	PHP 文件	10 KB
edit-tags.php	2017/9/13 23:20	PHP 文件	20 KB

图 2 – 22　wp – admin 目录

（1）wp – admin/css 文件夹：包含所有页面的样式文件。

（2）wp – admin/images 文件夹：包含所有页面的图片文件。

（3）wp – admin/includes 文件夹：包含管理页面的公共文件。

（4）wp – admin/js 文件夹：包含所有管理页面的 JavaScript 文件。

（5）wp – admin/maint 文件夹：存放系统修复的文件。

（6）wp – admin/network 文件夹：包含网络请求相关的文件。

（7）wp – admin/user 文件夹：存放所有用户界面的文件。

（8）wp – admin/about. php：后台管理系统的关于页面。

（9）wp – admin/admin. php：管理文件的核心文件。用来连接数据库、整合动态菜单数据、显示非核心控制页面等。

（10）wp – admin/admin – footer. php：定义所有管理控制台的页脚。

（11）wp – admin/admin – functions. php：定义了管理控制台使用的多种函数。

（12）wp – admin/admin – header. php：定义了管理控制台的上半部分内容，包

括菜单逻辑（menu logic）的 menu-header.php 文件。

（13）wp-admin/admin-post.php：WordPress 通用请求（POST/GET）处理程序用于主题和插件中的表单提交处理。

（14）async-upload.php：服务器文件上传处理程序。

（15）wp-admin/comment.php：评论管理界面。

（16）wp-admin/credits.php：信用管理面板。

（17）wp-admin/custom-background.php：自定义背景脚本。

（18）wp-admin/custom-header.php：自定义头部图像脚本。

（19）wp-admin/customize.php：主题自定义界面。

（20）wp-admin/edit.php：编辑文章的管理界面。

（21）wp-admin/edit-comments.php：编辑评论的管理界面。

（22）wp-admin/edit-form-advanced.php：发布高级表单以便包含在管理面板中。

（23）wp-admin/edit-form-comment.php：编辑评论表单以便在另一个文件中进行包含。

（24）wp-admin/edit-link-form.php：编辑链接表单以包含在管理面板中。

（25）wp-admin/edit-tag-form.php：编辑标签表单以包含在管理面板中。

（26）wp-admin/edit-tags.php：编辑标签管理屏幕。

（27）wp-admin/export.php：导出管理界面。

（28）wp-admin/freedoms.php：权利管理面板。

（29）wp-admin/import.php：导入管理界面。

（30）wp-admin/index.php：仪表盘管理界面。

（31）wp-admin/install.php：WordPress 安装器。

（32）wp-admin/install-helper.php：插件可能会加载这个文件来获得特殊的帮助函数插件安装。

（33）wp-admin/link.php：管理链接管理操作。

（34）wp-admin/link-add.php：添加链接的管理界面。

（35）wp-admin/media.php：媒体管理操作处理程序。

（36）wp-admin/media-new.php：管理上传媒体文件。

(37) wp-admin/media-upload.php：同样也是管理上传媒体文件。

(38) wp-admin/menu.php：建立管理菜单。

(39) wp-admin/menu-header.php：显示管理菜单。

(40) wp-admin/moderation.php：评论审核管理界面。

(41) wp-admin/ms-admin.php：多站点管理面板。

(42) wp-admin/my-sites.php：我的站点仪表盘。

(43) wp-admin/nav-menus.php：管理导航菜单。

(44) wp-admin/network.php：网络安装的管理面板。

(45) wp-admin/options.php：选项管理的管理界面。

(46) wp-admin/options-discussion.php：讨论设置的管理面板。

(47) wp-admin/plugin-editor.php：插件编辑器的管理面板。

(48) wp-admin/plugin-install.php：安装插件的管理面板。

(49) wp-admin/plugins.php：插件管理面板。

(50) wp-admin/post.php：编辑文章的管理面板。

(51) wp-admin/post-new.php：新建文章的管理界面。

(52) wp-admin/privacy.php：隐私管理面板。

(53) wp-admin/profile.php：用户资料管理界面。

(54) wp-admin/revision.php：修订版本管理面板。

(55) wp-admin/setup-config.php：检索并创建 wp-config.php 文件。

(56) wp-admin/term.php：编辑术语管理界面。

(57) wp-admin/themes.php：主题管理面板。

(58) wp-admin/tools.php：工具管理界面。

(59) wp-admin/update.php：更新安装面板。

(60) wp-admin/upgrade.php：升级界面。

(61) wp-admin/upload.php：媒体库管理面板。

(62) wp-admin/users.php：用户管理面板。

(63) wp-admin/widgets.php：小工具管理界面。

3. wp-content 目录

wp-admin 是后台管理系统的目录，wp-content 是系统内容的目录，如图2-

23所示,wp-content目录包含四个文件夹和一个文件。

名称	修改日期	类型	大小
languages	2018/2/5 13:49	文件夹	
plugins	2018/2/6 10:43	文件夹	
themes	2018/2/5 13:49	文件夹	
upgrade	2018/2/6 11:43	文件夹	
index.php	2012/1/9 1:01	PHP 文件	1 KB

图2-23 wp-content 目录

（1）wp-content/languages 文件夹：系统语言包的文件夹。

（2）wp-content/plugins 文件夹：系统所有已下载插件的文件夹。

（3）wp-content/themes 文件夹：系统所有已下载主题的文件夹。

（4）wp-content/upgrade 文件夹：系统升级内容文件夹。

（5）wp-content/index.php 文件：一个空文件,可以用来测试 wp-content 文件夹是否可以访问。

（6）wp-content/uploads 文件夹：用于存放上传文件,一旦有内容上传,系统会自动新建 uploads 文件夹。

4. wp-includes 目录

wp-includes 目录包含 16 个文件夹和 170 个文件,此文件夹主要包括系统的一些公共的需要被其他文件包含的文件,如图 2-24 所示。这些公共文件在以后做开发的时候会用到,我们不再做详细描述。

名称	修改日期	类型	大小
certificates	2018/2/5 13:49	文件夹	
css	2018/2/5 13:49	文件夹	
customize	2018/2/5 13:49	文件夹	
fonts	2018/2/5 13:49	文件夹	
ID3	2018/2/5 13:49	文件夹	
images	2018/2/5 13:49	文件夹	
IXR	2018/2/5 13:49	文件夹	
js	2018/2/5 13:49	文件夹	
pomo	2018/2/5 13:49	文件夹	
random_compat	2018/2/5 13:49	文件夹	
Requests	2018/2/5 13:49	文件夹	
rest-api	2018/2/5 13:49	文件夹	
SimplePie	2018/2/5 13:49	文件夹	
Text	2018/2/5 13:49	文件夹	
theme-compat	2018/2/5 13:49	文件夹	
widgets	2018/2/5 13:49	文件夹	
admin-bar.php	2017/10/9 23:22	PHP 文件	28 KB
atomlib.php	2016/12/13 9:49	PHP 文件	12 KB
author-template.php	2017/9/13 14:08	PHP 文件	16 KB
bookmark.php	2016/12/14 12:18	PHP 文件	14 KB
bookmark-template.php	2016/5/23 2:24	PHP 文件	12 KB
cache.php	2017/10/3 6:14	PHP 文件	22 KB
canonical.php	2017/10/24 22:18	PHP 文件	27 KB
capabilities.php	2018/2/6 11:43	PHP 文件	27 KB
category.php	2017/1/29 19:50	PHP 文件	12 KB
category-template.php	2018/2/6 11:43	PHP 文件	51 KB
class.wp-dependencies.php	2017/7/27 8:41	PHP 文件	11 KB
class.wp-scripts.php	2017/10/3 6:03	PHP 文件	14 KB

图 2 – 24　wp – includes 目录

了解 WordPress 的目录结构对于后续的开发工作非常重要,现在我们先对其文件结构有一些大致的了解即可,在后续的学习中会针对一些文件进行深入学习。

在了解了 WordPress 的目录结构之后,我们知道,WordPress 分为前端展示页面和后台管理系统页面,后台管理系统用来控制前端的显示。下面我们将结合前端显示和后台管理系统学习 WordPress 系统。

2.2.2　WordPress 主题的自定义设置

登录 WordPress 系统后的界面如图 2 – 25 所示,可以看到浏览器地址栏的地址是 http://localhost/ecnulib/wp – admin/。顶部导航包括主页链接、评论快捷按钮、新建内容快捷按钮以及最右侧的个人信息按钮。左侧为导航菜单,右侧显示内容。

图 2-25　后台管理首页

点击左侧外观菜单,如图 2-26 所示,会自动进入主题页面,浏览器中的地址是 http://localhost/ecnulib/wp-admin/themes.php,正好对应我们之前分析的 wp-admin/themes.php 文件。从图 2-26 中可以看出系统已经帮我们安装好了 3 个主题:Twenty Seventeen、Twenty Fifteen、Twenty Sixteen。这 3 个主题都是 WordPress 自带主题,系统默认使用了 Twenty Seventeen 主题。下面我们就针对 Twenty Seventeen 主题进行网站配置和开发。

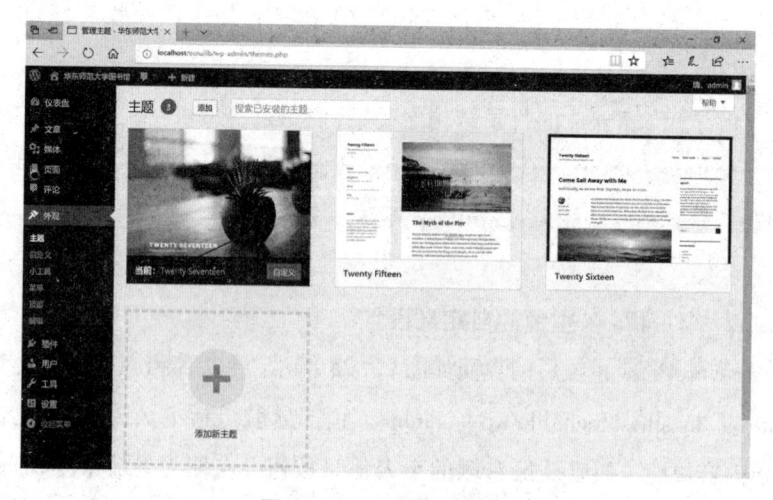

图 2-26　主题管理界面

点击左侧"外观 - >自定义"菜单,进入如图 2 - 27 网站自定义界面。自定义界面左侧是网站的自定义菜单,包括:站点身份、颜色、页头媒体、小工具、主页设置、主题选项以及额外 CSS 等 7 项。不是所有的左侧主题菜单都是这 7 项,不同的主题可能包含不同的左侧菜单,具体开发时需要根据不同的情况进行设置。下面我们将逐项解析 Twenty Seventeen 的左侧菜单。

图 2 - 27 网站自定义首页

1. 站点身份

点击"站点身份",进入如图 2 - 28 所示界面。可以看到左侧第一项是图标,这个图标是显示在站点标题和副标题左侧的图标。

图 2-28 站点身份界面

我们点击"选择图标",进入如图 2-29 界面,界面提示"最大上传文件大小:2MB",这个大小在以后的使用中一般是不够的,所以需要调整。进入 php.ini 文件,修改代码"upload_max_filesize = 2M"为"upload_max_filesize = 20M"这里设置上传文件大小为20MB。这样还不够,需要修改 post 的大小,修改代码"post_max_size = 8M"为"post_max_size = 200M",这里设置 post 的最大值为 200MB。这样一来,将显示"最大上传文件大小:20M",20M 取的是参数 upload_max_filesize 和参数 post_max_size 的最小值。将我们选好的图片上传后,设置其作为图标。这里需要注意的是,WordPress 的图片都是有大小限制的,如果图片不符合要求,则系统会提示你进行剪裁,只要正确剪裁即可。

图 2-29 上传文件界面

图标选择完成后，它会显示在站点标题和副标题左侧，本文就不设置图标了。副标题默认是"又一个 WordPress 站点"，我们可以将其修改或者直接去掉。

下一项是站点图标，它会显示在浏览器的标签和收藏夹上，要求的尺寸至少是 512×512 像素，我们在上传站点图标之后，"站点身份"这一栏就设置完成了。

2. 颜色

现在进入颜色界面，如图 2–30 所示。可以看到左侧第一项是"配色方案"，默认是亮色，向下翻动右侧页面可以发现页面的背景是白色的，如果选择暗色，则背景是暗色的。左侧第二项是"顶部文字颜色"，默认是白色。上述两项，大家都可以自定义颜色。

图 2–30 颜色定义界面

3. 页头媒体

第三项功能是页头媒体的设置，如图 2–31 所示。Twenty Seventeen 主题的页头媒体支持图片和 mp4 视频，默认是一张植物的图片，我们这里将其修改为华东师范大学图书馆的图片。当然也可以选择隐藏图片，隐藏图片之后标题就会出现在网页的上方。

图 2-31　页头媒体界面

4. 菜单

进入第四项"菜单",如图 2-32 所示。Twenty Seventeen 主题提供两个菜单,一个是社交网络链接菜单,这个菜单的位置在整个网页的底部。另外一个菜单是顶部菜单,这个菜单是在页面滚动后的上端。

图 2-32　菜单界面

点击"社交网络链接菜单",并且将右侧网页拉到最下端,如图 2-33 所示,可以发现左侧的 5 个自定义链接和右侧内容下端的链接对应。左侧可以对其进行添加、删除以及编辑。当然,如果不想显示社交网络链接菜单,则只需要将左侧下方的"社交网络链接菜单"前面的对钩去掉即可。

图 2-33　社交网络链接菜单

返回菜单,并点击"顶部菜单",进入如图 2-34 所示界面。由于将左侧下方的顶部菜单选择了对钩,所以在右侧的页面下方会出现菜单。默认的菜单包括:首页、关于、博客和联系四个。其中首页是一个链接,其他三项均为页面。菜单项可以通过左侧的操作栏进行增删和修改。

图 2-34　顶部菜单

点击左侧的"添加项目"按钮,进入如图 2-35 所示界面。能够看出菜单可以添加的项目包括:自定义链接、页面、文章、分类目录、标签和形式等 6 种。自定义链接就是普通的超链接,页面、文章、分类目录和标签都可以自己创建。

图 2-35 添加菜单

为了充实本文的网站,我们将复制华东师范大学图书馆官网(http://lib.ecnu.edu.cn)的部分菜单。添加一级菜单,并将一级菜单全部设置为超链接"#",点击左侧上方的发布按钮进行发布,如图 2-36 所示。

图 2-36 添加菜单效果

一级菜单已经创建完成,二级菜单需要添加页面,我们需要进入 WordPress 的管理界面添加新的页面。点击左上角的关闭按钮,就可以进入管理界面。打开左侧"页面"菜单,可以看到目前系统的所有页面。点击"新建页面"进入如图 2-37 所示界面。输入标题"关于本馆",内容可以自己添加。创建完成后点击右侧的"发布"按钮即可发布此页面。

图 2-37 新建页面

发布完成后可以进入"外观->菜单"页面,可以看到页面里面多了一项"关于本馆",将其添加到右侧的顶部菜单,并将其拖动到"本馆概况"下,稍微向右拖动一点就可以作为"本馆概况"的二级菜单,点击"保存菜单"对已经编辑的菜单进行保存。如图 2-38 所示。

图 2-38 后台菜单界面

69

保存菜单后进入主页，点击"本馆概况->关于本馆"，进入"关于本馆"页面，如图2-39所示，可以看到最上端是网页顶部banner和网站标题，标题下方就是网站的顶部菜单，菜单下方是网页内容部分，网页内容分为左右两侧，左侧为网页的标题，右侧为网页内容。

图2-39 关于本馆页面

5. 小工具

继续进入自定义页面的小工具菜单，如图2-40所示。左侧的操作栏包括3个位置的小工具：博客边栏、页脚1和页脚2。页脚1和页脚2的小工具可以在页面最下方查看，博客边栏的小工具会在文章的旁边显示。

图2-40 自定义小工具界面

如果要添加或删除小工具,可以直接进入后台管理页面,进入"外观->小工具",如图2-41所示。可以看到所有的小工具都在页面的左侧,包括:RSS、分类目录、功能、图像、导航菜单等。如果要添加小工具,则可以直接拖动小工具到对应的小工具容器中,如果要删除小工具,则可以直接向左拖动即可。

图2-41 后台管理小工具界面

6. 主页设置

从自定义页面进入主页设置,可以看到如图2-42所示的界面。WordPress的主页提供了两种主页的显示方式:您的最新文章和一个静态页面。如果选择"您的最新文章",则会在打开主页的时候按照文章的时间顺序,显示最新的文章列表。如果选择"一个静态页面",则需要创建两个页面,其中一个会变成主页,而另一个将会显示您的文章。Twenty Seventeen 主题默认给出了一个主页和一个文章页。进入文章页就可以看到我们之前设置的博客边栏的小工具了。我们暂且将主页设置为"您的最新文章"。

图 2-42　自定义主页设置

7. 主题选项

进入自定义页面的主题选项,如图 2-43 所示。左侧操作栏提供了页面布局的选项,分别为"一栏"和"两栏"。系统默认是"两栏",标题显示在左侧,内容显示在右侧。如果选择一栏,则标题会单独显示一行,内容在标题的下方。在这里我们选择"一栏"这个选项。

图 2-43　自定义页面布局

8. 额外 CSS

进入自定义页面的额外 CSS 页面,如图 2-44 所示。额外 CSS 可以添加自己的 CSS 代码来定义网站的外观和布局。如果要添加额外的 CSS 代码,用户则需要了解网站的代码结构以及定义外观的 HTML 代码。

图 2-44 自定义额外 CSS

2.2.3 WordPress 主题编辑

打开后台管理系统的"外观->编辑"菜单,进入如图 2-45 所示界面。右侧显示的"主题文件"对应 WordPress 根目录下"wp-content\themes\twentyseventeen"文件夹内的文件。WordPress 不建议直接在原主题上进行修改,因为这样不但破坏了原主题,还可能导致系统崩溃。因此,我们建议使用子主题,这样不但不会破坏原主题,而且在原主题升级的时候可以直接光滑平移,不会导致修改的内容丢失。

图 2-45 后台编辑主题界面

在学习子主题之前我们需要对主题的文件结构进行初步了解,图 2-46 是 Twenty Seventeen 的主题文件。

名称	修改日期	类型	大小
assets	2018/2/5 13:49	文件夹	
inc	2018/2/5 13:49	文件夹	
template-parts	2018/2/5 13:49	文件夹	
404.php	2016/10/20 12:12	PHP 文件	1 KB
archive.php	2016/11/2 1:26	PHP 文件	2 KB
comments.php	2016/12/17 6:08	PHP 文件	3 KB
footer.php	2017/4/18 17:14	PHP 文件	2 KB
front-page.php	2018/2/9 22:23	PHP 文件	2 KB
functions.php	2017/10/5 7:53	PHP 文件	19 KB
header.php	2016/12/21 7:00	PHP 文件	2 KB
index.php	2018/2/9 22:23	PHP 文件	3 KB
page.php	2016/10/23 20:29	PHP 文件	1 KB
README.txt	2017/11/2 6:43	文本文档	4 KB
rtl.css	2017/10/5 7:35	CSS 文件	10 KB
screenshot.png	2016/10/20 12:12	PNG 文件	356 KB
search.php	2016/11/2 1:26	PHP 文件	2 KB
searchform.php	2016/12/17 6:08	PHP 文件	1 KB
sidebar.php	2017/10/3 6:04	PHP 文件	1 KB
single.php	2016/12/17 6:08	PHP 文件	2 KB
style.css	2017/11/2 6:43	CSS 文件	82 KB

图 2-46　Twenty Seventeen 主题目录

WordPress 的主题文件可以分为三大类:结构文件、页面文件和后台文件。这三类文件组成了 WordPress 主题的主要框架。

结构文件包括:header.php、sidebar.php 和 footer.php 三个文件。这三个文件是页面的必要结构文件,所有页面基本上都要包含这三个文件。

(1)header.php:主要用于显示博客的头部和导航,是由 PHP 代码和 HTML 代码组成。对于一些主题需要调用其他的 CSS 或 JS 文件,也是包含在该文件中。站点的每一个页面都会引用该文件,这也就保证了整个站点中头部风格的一致性。

(2)sidebar.php:控制站点的侧边栏,方便用户在里面添加小工具。一个主题可以创建多个侧边栏,需要在 functions.php 文件中控制。

(3)footer.php:控制站点的页尾,一般包含有站点版权信息以及一些统计代码。

前端页面包括:index.php、single.php、page.php、archive.php。前端文件是基

本的模板文件,这些文件组成 WordPress 的基本页面。

(1)index.php:主模板,WordPress 的主页文件。如果你的主题使用自己的模板,index.php 是必须要有的。此外,用户也可以在 WordPress 后台制定某页面用做主页。

(2)single.php:单独页面模板,显示单独的一篇文章时被调用。对于这个以及其他的请求模板,如果模板不存在会使用 index.php。

(3)page.php:页面模板,独立页面调用。

后台文件包括:comments.php、functions.php 和 style.css。后台文件可以根据用户的个人需求灵活地添加不同的功能。

(1)comments.php:这是显示包含当前评论和评论表单的页面区域的模板。

(2)functions.php:主题函数定义文件。

(3)style.css:该文件控制主题样式,是 WordPress 主题最重要 CSS 文件。该文件顶部还包含主题的元信息,用于提供主题的名字、作者及相关链接。

除了以上主要的文件之外,主题文件夹还包含其他的文件,作用也各不相同。

(1)assets 文件夹:包含 css、images 和 js 三个文件夹。

(2)inc 文件夹:存放 php 文件,文件内一般是自定义函数。

(3)template-parts 文件夹:为了代码简洁,可以把一些代码(可能重复用到的)分开放到此文件夹下。

(4)404.php:出现 404 错误时使用的文件。

(5)rtl.css:关于字体的一些样式。

(6)screenshot.php:主题缩略图,在后台显示。

(7)search.php:搜索页面。

(8)searchform.php:搜索框。

以上分析了主题的基本文件结构,下面介绍如何创建子主题。子主题是继承另一个主题(称为父主题)的功能和样式的主题,可以很方便地扩展父主题。创建子主题有两种情况:未修改父主题和已修改父主题。

未修改父主题则比较简单,子主题由至少一个目录(子主题目录)和两个文件(style.css 和 functions.php)组成。创建文件夹"wp-content/themes/twentyseventeen-child",此文件夹就是子主题的文件夹,子主题的文件全部放在此文件夹下。

注意:子主题目录中不能有空格,否则可能导致错误。子主题的名称就叫作"twentyseventeen－child",表明父主题就是"twentyseventeen"。

下一步是创建子主题的样式表(style.css)。样式表必须以下列内容开头(样式表页眉)。

```
/*
Theme Name: Twenty Seventeen Child
Theme URI: http://example.com/twenty-seventeen-child/
Description: Twenty Seventeen Child Theme
Author: Peter Chen
Author URI: http://example.com
Template: twentyseventeen
Version: 1.0.0
License: GNU General Public License v2 or later
License URI: http://www.gnu.org/licenses/gpl-2.0.html
Tags: light, dark, two-columns, right-sidebar, responsive-layout, accessibility-ready
Text Domain: twenty-seventeen-child
*/
```

要注意的是需将示例的内容替换成自己主题相关的内容,Template 行对应于父主题的目录名,本文的父主题是 twentyseventeen,因此,Template 行的值是 twentyseventeen。

最后一步是按顺序加载父主题和子主题样式表。请注意,以前的方法是使用 @import 导入父主题样式表:因为它增加了加载样式表所需的时间,所以这已经不再是最佳的方法了。加载父主题样式表的正确方法是在子主题的 functions.php 中添加 wp_enqueue_scripts 操作,并使用 wp_enqueue_style()。因此,需要创建一个 function.php 文件在子主题目录中。子主题的第一行是一个打开的 PHP 标记(<?php),之后就可以加载父主题样式表。下面的示例函数仅在父主题中仅使用一个样式文件 style.css 的时候才适用。如果你的子主题有多个 .css 文件(例如:ie.css、style.css、main.css),那么必须确保维护所有父主题依赖项。

```php
<?php
add_action('wp_enqueue_scripts','my_theme_enqueue_styles');
function my_theme_enqueue_styles(){
wp_enqueue_style('parent-style',get_template_directory_uri() . '/style.css');
}
?>
```

如果子主题的 style.css 包含实际的 CSS 代码,则还需要将它进行排队。将"parent-style"设置为依赖项会确保子主题样式表在其之后加载。代码如下所示。

```php
<?php
function my_theme_enqueue_styles(){
$parent_style = 'parent-style'; // This is 'twentyfifteen-style' for the Twenty Fifteen theme.
wp_enqueue_style($parent_style,get_template_directory_uri() . '/style.css');
wp_enqueue_style('child-style',
get_stylesheet_directory_uri() . '/style.css',
array($parent_style),
wp_get_theme()->get('Version')
);
}
add_action('wp_enqueue_scripts','my_theme_enqueue_styles');
?>
```

其中 parent-style 与其在父主题中注册其样式表时使用的$ handle 相同。例如,如果父主题是 twentyseventeen,查看文件 functions.php 中的 wp_enqueue_style()调用,大家可以看到它使用的标记是"twentyseventeen-style"。在子代码中,用"twentyseventeen-style"替换"parent-style"的实例,如下所示。

$parent_style = 'twentyseventeen-style';

如果没有使用正确的标记,将导致 CSS 文件不必要地加载两次。这通常不会影响网站的外观,但它的效率低下,并会延长页面的加载时间。

现在可以激活子主题了,进入网站后台管理面板,进入"外观 -> 主题"菜单,如图2-47所示。可以看到多了一个主题"Twenty Seventeen Child",但是没有缩略图,将鼠标悬浮在主题上,点击"启用"按钮即可激活主题。

图2-47 后台主题管理界面

注意:激活子主题后,可能需要重新保存菜单(外观>菜单或外观>自定义>菜单)和主题选项(包括背景和页眉图像)。

上面创建子主题的方法适用于未对父主题进行修改的情况,如果已经对父主题进行了修改,则必须将父主题的所有修改都导入到子主题中。本文将介绍一种使用插件创建子主题的方法,插件名称是"Child Theme Configurator",此方法我们将在后面介绍插件的时候具体介绍。

如果要更改的不仅仅是样式表,则您的子主题可以覆盖父主题中的任何文件,只需在子主题目录中包含同名的文件,当站点加载时,它将覆盖父主题目录中的等效文件。例如,如果要更改站点页眉的PHP代码,可以在子主题的目录中包含一个header.php,该文件将被使用而不是父主题的header.php。

还可以在子主题中包含未包含在父主题中的文件。例如,特定页面或类别存档的模板,都可以自行创建。

与style.css不同,子主题的functions.php不会覆盖父级的对应项。相反,它会在父主题的functions.php之前加载。通过这种方式,子主题的functions.php提供了一种智能的、无故障的修改父主题功能的方法。如果您想向您的主题添加一个 PHP 函数,最快的方法是打开其 functions.php 文件,并将该函数放进去。但这并不是最好的方法,因为一旦你更新了主题,这些功能就会消失。但还有一种更好的方式可以创建子主题,即在其中添加 functions.php 文件,并将您的函数添加到该文件中。该函数也将在那里执行完全相同的工作,其优点是它不会受到将来的父主题更新的影响。注意,不要将父主题 functions.php 中的所有内容放入子主题的 functions.php 中。

functions.php 的结构很简单,打开 PHP 标签之后就可以写 PHP 代码。如下示例演示一个基本的 functions.php 文件,它做了一件简单的事情,就是向 HTML 页面的 head 元素添加一个图标链接。

```
<? php // Opening PHP tag - nothing should be before this, not even whitespace
// Custom Function to Include
function my_favicon_link() {
echo '<link rel="shortcut icon" type="image/x-icon" href="/favicon.ico" />'. "\n";
}
add_action( 'wp_head', 'my_favicon_link' );
```

当需要包括驻留在子主题的目录结构中的文件时,get_stylesheet_directory() 函数将会派上用场。因为父模板的 style.css 被你的子主题的 style.css 替换,而你的 style.css 驻留在子主题的子目录中,get_stylesheet_directory() 指向的是你的子主题的目录,而不是父主题的目录。

下面是一个使用 require_once 的示例,它演示了如何在引用存储在子主题的目录结构中的文件时使用 get_stylesheet_directory。

```
require_once( get_stylesheet_directory() . '/my_included_file.php' );
```

2.2.4 WordPress 主题筛选

做好主题开发不是一件容易的事情,这要有一定的技术积累并且需要花费较长的时间和精力。我们知道 WordPress 提供了很多主题模板,这些模板有免费也有收费的。同时,不同的模板功能也不尽相同,我们在选择的时候需要掌握一些技巧。

进入系统管理面板,点击菜单中的"外观->主题",右侧显示的是我们已经安装的主题。如果要添加新主题,则需要点击上方的"添加"按钮。默认会进入如图 2-48 所示的"特色"主题页面,可以看到特色主题有 15 个,而且已经安装的主题会在上方提示"已安装"。除了特色主题,还有热门主题、最新主题以及最爱的主题。最爱的主题需要注册 wordpress.org 才能使用。大家可以点击相应的主题对其进行预览和安装。

图 2-48 特色主题页面

WordPress 的主题如此丰富,问题也随之而来,我们应该如何选择自己的主题呢？WordPress 提供了"特性筛选"的功能。进入特性筛选,如图 2-49 所示。特性筛选提供了三种特性:主题、特色和布局。可以对这三种特性进行组合筛选,选出最适合自己的主题。

图 2-49 特性筛选

下面我们挑选 3 个主题进行简要介绍:Twenty Thirteen、Businessx 和 Septera。

搜索主题 Twenty Thirteen,并安装。安装完成后,进行实时预览,如图 2-50 所示,进入了自定义的页面。Twenty Thirteen 也是官方出品的主题,所以左侧的功能菜单与 Twenty Seventeen 很类似。Twenty Thirteen 主题也比较灵活,最上侧是网页的横幅图片和网站标题,接下来是导航栏,再下方是网页内容部分,网页内容也可以分为左右两侧。我们可以通过子主题的方式修改此主题,在 WordPress 已发布的主题中已经存在 Twenty Thirteen 的子主题了,名称叫作 Blogsonry。Blogsonry 对 Twenty Thirteen 进行了多方面的修改和扩展,以后在开发子主题的时候可以参考。

图 2-50 Twenty Thirteen 主题自定义页面

Businessx 主题比较适合用作商业网站的主页,对其进行实时预览,如图 2-51 所示。可以看到左侧的功能菜单与 Twenty Seventeen 有所区别,没有了"顶部图像",多了一项"Settings",而且点开"Colors"菜单可以发现多了很多功能,可以设置很多项的颜色。打开"Settings"菜单可以发现功能非常丰富,可以对 Header、Post、Sidebars、Footer、Animations、Preloader 等进行设置。小工具一栏也与 Twenty Seventeen 有所区别,可以在不同的位置添加小工具。

图 2-51　Businessx 主题自定义页面

Septera 主题是比较新的主题,而且是免费的。对其进行实时预览如图 2-52 所示。Septera 主题的最大特点就是图片功能很丰富,文章预览可以用图文的方式进行显示。功能更是丰富,可以看到左侧的功能菜单比 Twenty Seventeen 丰富了很多。进入 Layout 菜单可以对网页的布局进行多种显示,并且增加了多种其他的布局功能。此外,还可以对 Header、Landing Page、General、Colors、Typography、Post Information 以及 Miscellaneous 等进行设置。此主题仍然在更新中,适合多种类型的网站,是免费主题中比较不错的一款主题,熟悉之后可以用它做出功能强大且美观的网站。

图 2-52 Septera 主题自定义页面

WordPress 提供了非常丰富的主题,但我们使用的可能只是其中的一小部分,要使用好一个主题也不是一蹴而就的事情,需要对其进行充分的使用和理解才能将主题的功能使用到最大化。

2.3 开源软件 WordPress 的插件使用及常用插件介绍

主题是 WordPress 学习的一块重要内容,除了主题之外,插件是 WordPress 另一个亮点。插件是为 WordPress 添加各种功能的扩展组件,可以说插件远比主题丰富得多,插件不仅可以为前端服务,也可以为后台系统服务。WordPress 能够成为目前使用最广泛的博客系统之一,很大一部分原因是它拥有大量的插件。WordPress 官方网站收录的以及没有被收录的插件加起来有十万个,这一点都不夸张。这些插件大部分是免费的,大大地丰富了 WordPress 的功能。

2.3.1 WordPress 插件使用以及开发简介

进入后台管理面板,点击"插件"菜单,如图 2-53 所示。可以看到已安装的插件有两个:Askismet Anti-Spam 和你好多莉。我们可以启用、停用或删除插件。

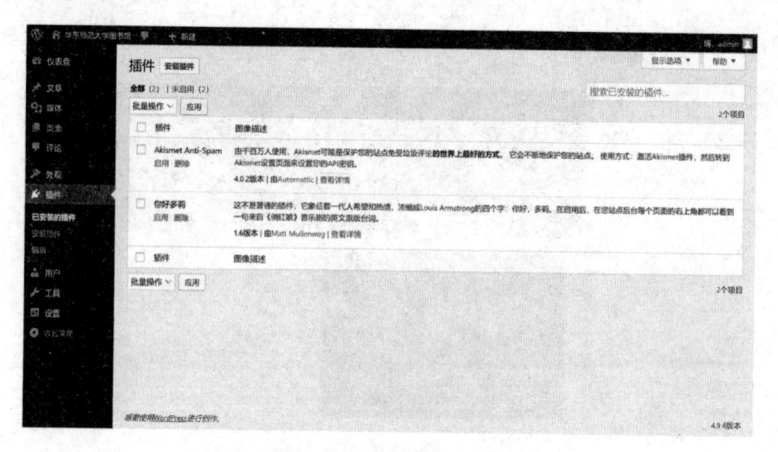

图 2-53　插件管理界面

点击左侧"安装插件",进入图 2-54 所示界面。从这里可以搜索自己想要的插件并进行安装。

图 2-54　安装插件界面

进入编辑页面如图 2-55 所示,可以看到右侧的插件文件,这些文件与 WordPress 根目录下的"wp-content/plugins"对应。下面我们将结合插件"Hello Dolly"对插件的开发做简要介绍。

图 2-55 编辑插件界面

  插件开发首先需要一个唯一的名称，如果不确定名称是否唯一，可以使用搜索引擎搜索后确认。插件的名称可以由多个单词组成，并且插件名称一般都能够很直观地描述插件本身的功能。

  名称想好之后就可以建立文件了，一个 WordPress 插件最少需要包含一个 PHP 文件。文件名称需要根据插件名称进行命名，例如：插件"Hello Dolly"的文件名称就是"hello.php"。需要注意的是文件不能重名，因为我们的插件是统一安装在"wp-content/plugins"目录下的，如果安装的两个插件文件重名，则插件安装不成功。

  当然，如果一个插件的功能比较丰富，则会由多个文件组成，不仅仅是 PHP 文件，还可以包含其他文件，例如：JavaScript 文件、CSS 文件、图片文件等。像这种包含多个文件的插件就需要建立一个文件夹，把插件所有的文件放入这个文件夹，然后把文件夹放到"wp-content/plugins"目录下。通常插件文件夹的名称与插件 PHP 文件的名称相同，例如：插件"Akismet Anti-Spam"的文件夹名称和 PHP 文件名称都是 akismet。

  WordPress 通过插件的主文件标准信息头识别插件的存在，并将这些信息加载到插件管理页面，以此激活插件，并运行插件内部的函数。没有信息头，插件无法激活和正常运行。插件的标准信息头如下：

  <?php

```
/*
Plugin Name：插件名称
Plugin URI：http://URI_Of_Page_Describing_Plugin_and_Updates
Description：插件的简单描述
Version：插件版本号，例如：1.0
Author：插件作者
Author URI：http://URI_Of_The_Plugin_Author 作者地址
*/
?>
```

信息头至少要包括插件名称，这样系统才能识别你的插件，其他信息会被加载到插件管理页面进行显示。下面是"Hello Dolly"的信息头，可以学习参考：

```
<?php
/**
 * @package Hello_Dolly
 * @version 1.6
 */
/*
Plugin Name：Hello Dolly
Plugin URI：http://wordpress.org/plugins/hello-dolly/
Description：This is not just a plugin, it symbolizes the hope and enthusiasm of an entire generation summed up in two words sung most famously by Louis Armstrong: Hello, Dolly. When activated you will randomly see a lyric from <cite>Hello, Dolly</cite> in the upper right of your admin screen on every page.
Author：Matt Mullenweg
Version：1.6
Author URI：http://ma.tt/
*/
```

此外，我们也可以在信息头中插入版权信息，例如 GPL 许可如下：

```
<?php
```

/ * Copyright 年份 作者名（email：你的邮箱）
This program is free software; you can redistribute it and/or modify
it under the terms of the GNU General Public License as published by
the Free Software Foundation; either version 2 of the License, or
(at your option) any later version.
This program is distributed in the hope that it will be useful,
but WITHOUT ANY WARRANTY; without even the implied warranty of
MERCHANTABILITY or FITNESS FOR A PARTICULAR PURPOSE. See the
GNU General Public License for more details.
You should have received a copy of the GNU General Public License
along with this program; if not, write to the Free Software
Foundation, Inc., 51 Franklin St, Fifth Floor, Boston, MA 02110-1301 USA
*/
?>

在 WordPress 中,"插件钩子"是一个非常重要的概念。许多 WordPress 插件都是通过与插件钩子相关联的方式,来完成它们的功能。插件钩子的工作原理是:在 WordPress 运行期间,有许多特定的时间点,WordPress 会在这些时间点检测相应的插件钩子,如果检测到有函数与当前的插件钩子相关联,就会运行这些函数。正是这些函数改变了 WordPress 的默认功能。

例如,当 WordPress 在发表一篇文章之前,会首先检测一个名为"the_title"的插件钩子(过滤器类型的钩子),如果此时有任何插件的函数与这个钩子相关联,那么文章的标题就会首先被这些函数依次进行处理,最后再把函数处理的结果显示到屏幕上。所以,如果你的插件想要对文章的标题进行处理,就需要将对应的处理函数注册到名为"the_title"的过滤器钩子上。

再举个例子,在 WordPress 即将生成 </HTML> 标签之前,会检测一个名为"wp_footer"的插件钩子(动作类型的钩子),如果此时有插件的函数与这个钩子相关联,那么 WordPress 就会先依次执行这些函数,然后再继续生成 </HTML> 标签。

另一个向 WordPress 中加入插件的方式就是建立自定义的模板标签 Template

Tags。这样如果有人想要使用你的插件,就可以把这些标签添加到他们的主题、侧边栏、文章内容以及任何合适的地方。例如,可以为插件定义一个名为 geotag_list_states() 的模板标签函数,该函数可以为侧边栏的文章添加地理位置标签,当点击这个标签时,还可以打开这个地理位置标签下所有对应的文章。

要定义一个自定义模板标签,你只需要写一个 PHP 函数,然后把它通过文档、插件的主页或是在 PHP 主文件中声明的方式告诉插件的使用者就可以了。当你为这个函数编写文档的时候,如果还能够提供一个该函数的使用示例,来告诉用户在主题中应当如何调用这个函数,就再好不过了。

大多数 WordPress 插件都需要获取管理员或用户输入的一些信息,并保存在会话中,以便在过滤器函数(filter)、动作函数(action)和模板函数(template)中使用。若需要在下次会话中继续使用这些信息,就必须将它们保存到 WordPress 数据库中。以下是将插件数据保存到数据库的 4 种方法:

1. 使用 WordPress 的"选项"机制(稍后会有介绍)。这种方式适合储存少量静态的、具有特定名称的数据——这类数据通常是网站所有者在创建插件时设置的一些初始化参数,并且以后很少会进行改动。

2. 使用文章元数据(又名自定义域)。这种方式适合保存与个人文章、页面或附件相关的数据。

3. 使用自定义分类。这种方式适合保存那些需要分门别类存放的数据,如用户信息、评论内容以及用户可编辑的数据等,特别适合你想要根据某个类型去查看相关的文章和数据的情况。

4. 创建一个新的、自定义的数据库表。这种方式适合保存那些与个人文章、页面或附件无关的,会随着时间逐渐增长的,并且没有特定名称的数据。

WordPress 有一个"选项"机制,用于保存、更新以及检索那些独立的,具有特定名称的数据。选项的值可以是字符串、数组,甚至是 PHP 对象(当然,PHP 对象在保存时必须能够被序列化或转换成字符串,检索的时候也必须能够被反序列化)。选项的名称必须是字符串,且必须是唯一的,这样才能够确保它们不会和 WoredPress 或其他插件产生冲突。

通常情况下,我们最好能够对插件选项的数量进行一下精简。例如,如果有 10 个不同名称的选项需要保存到数据库中,那么就可以考虑将这 10 个数据作为一个数组,并保存到数据库的同一个选项中。

以下是让插件使用选项机制的主要函数:

add_option($name,$value,$deprecated,$autoload);

创建一个新的选项并保存到数据库中,若选项已存在,则不进行任何操作。

$name

必要参数(string)。要创建的选项的名称。

$value

可选参数(string)。要创建的选项的值。默认值为空字符串。

$deprecated

可选参数(string)。该选项是否已经过期。若需要让后面的$autoload参数生效,则该参数必须传入空字符串或null。

$autoload

可选参数(enum:'yes'or'no')。是否自动加载该选项。若设置为'yes',则该选项会被get_alloptions函数自动检索到。默认值为'yes'。

get_option($option);

从数据库中获取指定选项的值。

$option

必要参数(string)。选项的名称。你可以在Option Reference中找到与WordPress一同安装的默认选项列表。

update_option($option_name,$newvalue);

更新数据库中的选项值,若选项不存在,则创建该选项。

(注意:如果你用不到$deprecated和$autoload参数的话,那么大可不必使用add_option函数)。

$option_name

必要参数(string)。要更新/创建的选项名称。

$newvalue

必要参数(string|array|object)。要更新/创建的选项的值。

插件的开发是比较灵活的,大家如果需要了解更多的插件开发注意事项,可以参考WordPress官网,本文只做简要介绍。

2.3.2 WordPress 网络安全插件

我们的 WordPress 是放在互联网中的,不可避免地会受到网络攻击,可能会出现页面无法加载或者打开速度非常慢,以致网站处于瘫痪的状态。可见,WordPress 的安全性对于网站正常运行是非常重要的。如果真碰到了网络攻击,我们应该如何应对呢?

非常幸运的是 WordPress 中提供了很多关于网络安全的插件,例如:Wordfence Security – Firewall & Malware Scan,All In One WP Security & Firewall,Sucuri Security – Auditing,Malware Scanner and Security Hardening 等。这些插件的功能层次各异,各有侧重,我们这里推荐的是 Wordfence。Wordfence 插件的下载安装量超过百万,可以说是 WordPress 安装量最大的安全插件。

在 WordPress 中搜索插件 Wordfence,安装并启用。完成后会在管理面板左侧多出一个"Wordfence"菜单,点击进入 Dashboard 面板如图 2–56 所示。右侧内容面板显示了防火墙信息和扫描信息。

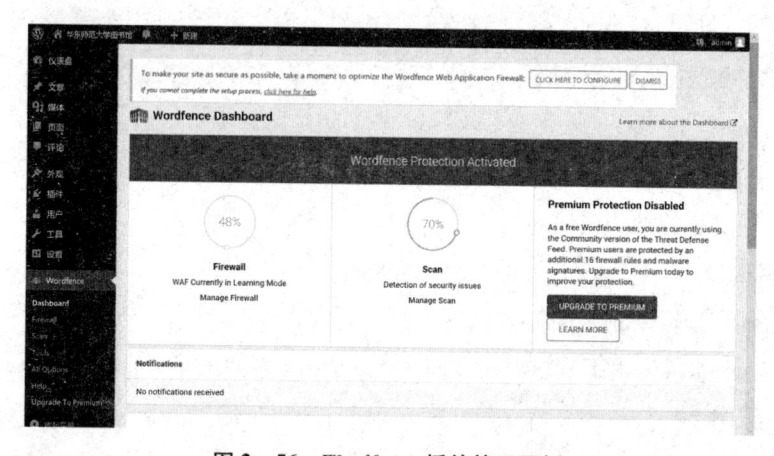

图 2–56 Wordfence 插件管理面板

从左侧功能菜单可以看出 Wordfence 提供了防火墙功能(Firewall)、系统扫描功能(Scan)、小工具(Tools)以及所有选项(All Options)等功能。此外,还提供了高级付费版本,本文主要使用免费版功能。

图 2–57 是我们在其他 WordPress 网站所拦截的 IP,Wordfence 的防火墙显示

了 IP、国家和拦截次数。点击此面板上方的“Blocking”可以查看更详细的拦截信息,大家有兴趣可以自行查看。

Top IPs Blocked

24 Hours | 7 Days | 30 Days

IP	Country	Block Count
103.240.17.73	China	345
18.217.36.4	United States	3
46.118.115.22	Ukraine	3
201.18.18.173	Brazil	3
181.214.87.244	United States	3
54.165.243.216	United States	3
52.201.169.75	United States	2
34.217.21.216	United States	2
190.12.47.246	Ecuador	2
18.220.36.208	United States	2

Show more

图 2-57 Wordfence 拦截的 IP

点击“Scan”菜单进入图 2-58 所示面板,可以看出已经有扫描的结果出现。Wordfence 可以设置扫描计划,可以自动将扫描结果发送给指定的邮箱。注意:在刚启用 Wordfence 的时候系统会提示用户添加邮箱。

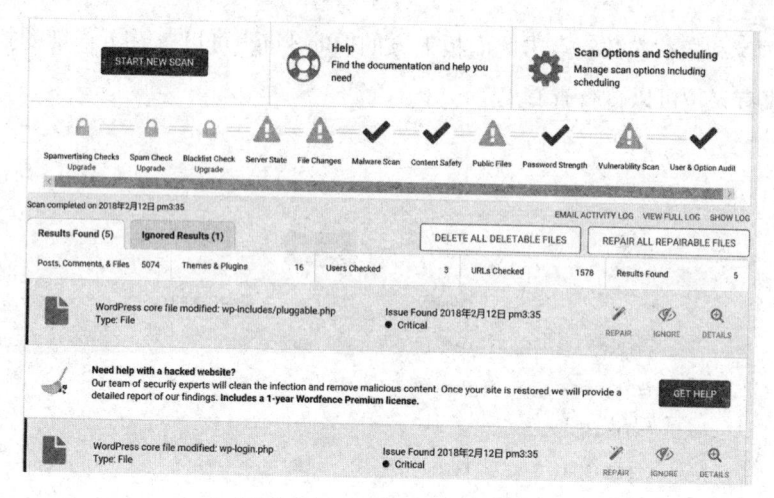

数字图书馆门户网站新模式——开源软件的应用 >>>

图 2-58 Wordfence 扫描界面

2.3.3 WordPress 缓存插件

搜索"WP Super Cache"插件,安装并启用。进入"设置 -> WP Super Cache"菜单,如图 2-59 所示。提示出错"固定链接结构出错",这是因为这个插件需要自定义的链接。

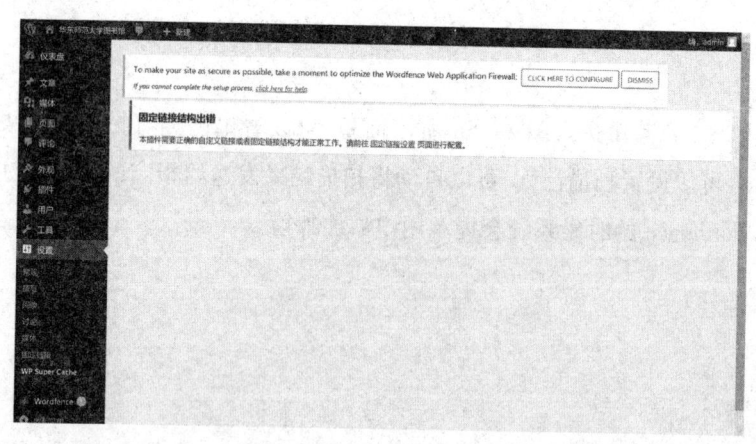

图 2-59 WP Super Cache 固定链接出错界面

我们进入"设置 -> 固定链接"菜单,如图 2-60 所示。固定链接是访问 WordPress 网页的地址形式。WordPress 提供了多种地址形式:朴素、日期和名称型、月份和名称型、数字型、文章名以及自定义结构。其中自定义结构用来显示选定的地址类型,除了朴素形式,其他的形式都是自定义结构,也可以通过变量标签组合成其他形式的地址。

图 2-60　自定义链接设置

这里我们选择文章名作为固定链接的形式,然后访问"世界您好"这篇文章,出现了如图 2-61 所示问题。这是因为 Web 服务器的 rewrite 模块没有打开。不同的 Web 服务器的打开方式不尽相同,Apache 需要在 httpd. conf 文件中进行设置。

Not Found

The requested URL /ecnulib/hello-world/ was not found on this server.

图 2-61　找不到文章界面

首先,在 httpd. conf 中找到 rewrite 模块,代码如下,去掉行首的#即可。
#LoadModule rewrite_module modules/mod_rewrite. so
仅仅添加 rewrite 模块还不够,WordPress 系统还需要获取写文件的权限。在文件中找到"AllowOverride"变量,修改其值为"All"。注意:文件中有很多 AllowOverride 变量,只需要修改 < Directory "C:\workplace" > 下的 AllowOverride 即可,如图 2 - 62 所示。

```
<Directory "C:\workplace">
    #
    # Possible values for the Options directive are "None", "All",
    # or any combination of:
    #   Indexes Includes FollowSymLinks SymLinksifOwnerMatch ExecCGI MultiViews
    #
    # Note that "MultiViews" must be named *explicitly* --- "Options All"
    # doesn't give it to you.
    #
    # The Options directive is both complicated and important.  Please see
    # http://httpd.apache.org/docs/2.4/mod/core.html#options
    # for more information.
    #
    Options FollowSymLinks


    # AllowOverride controls what directives may be placed in .htaccess files.
    # It can be "All", "None", or any combination of the keywords:
    #   Options FileInfo AuthConfig Limit
    #
    AllowOverride All


    #
    # Controls who can get stuff from this server.
    #
    Require all granted
</Directory>
```

图 2 - 62 httpd. conf 代码修改

修改完成后重启 Apache 服务器,再访问"WP Super Cache"页面,如图 2 - 63 所示。只需要选择"启动缓存功能",然后点击"更新"按钮即可。启动完成后可以点击"测试缓存"按钮对缓存进行测试。"WP Super Cache"插件是对 WordPress 软件做的缓存,可以明显提高访问速度,当加载资源较多时效果很好。此外,"WP Super Cache"插件还提供很多其他选项卡:高级、CDN、内容、预缓存、插件兼容和调试。缓存的功能只需要开启即可,对于其他的选项卡,有需要的读者可自行实践一下。

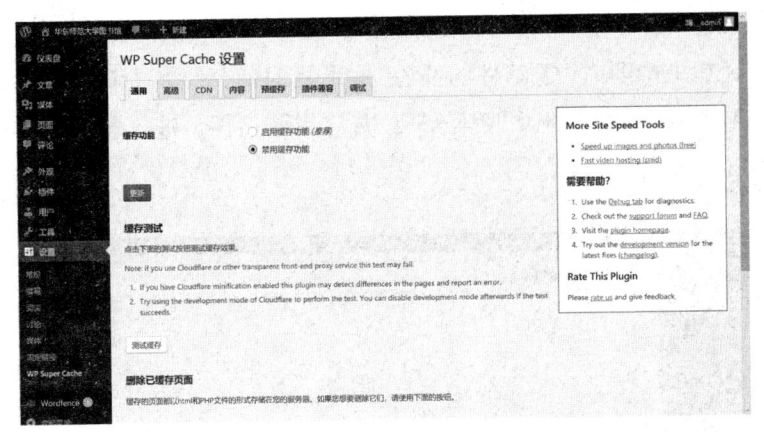

<<< 第二章 开源软件 WordPress 在图书馆门户网站中的应用

图 2-63　WP Super Cache 设置页面

2.3.4　WordPress 访问统计插件

当我们的网站建立完成并上线之后,我们就会比较关心网站的访问量。对于网站的访问统计,WordPress 也提供了很多插件。其中比较常用的是"WP Statistics"和"Slimstat Analytics"。搜索安装并启用这两个插件,可以看到左侧会多出两个菜单项:"Statistics"和"Slimstat"。图 2-64 是"WP Statistics"插件的界面概览图。统计内容包括:点击量、搜索引擎搜索量、访问者等。

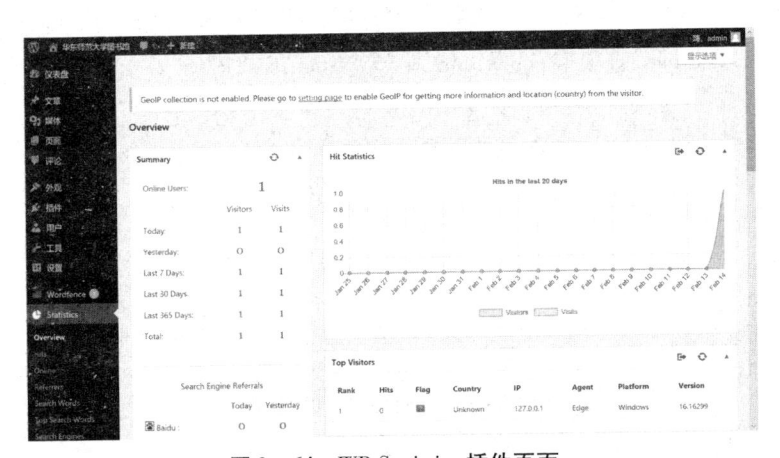

图 2-64　WP Statistics 插件页面

2.3.5　WordPress 邮件插件

大家可能心里有个疑问,就是为什么我们最开始设置了邮箱,但是却一直没

95

有收到系统发送的邮件？其实，这是因为我们并没有在本地安装邮件系统。WordPress 提供了很多发送邮件的插件，这里我们就介绍其中比较好用的插件"WP Mail SMTP"。在系统中搜索安装，并启用此插件。进入如图 2-65 所示界面。

图 2-65　WP Mail SMTP 界面

现在我们可以直接测试邮件发送，进入"EmailTest"选项卡，填写收件人的邮箱，出现图 2-66 所示的错误。这是因为我们使用的是第三方的 QQ 邮箱。我们需要进入"Settings"选项卡，选择"Mailer"为"Other SMTP"。

图 2-66　测试邮件出错界面

设置完成之后下方页面会多出"Other SMTP"一项内容，填写信息如图 2-67 所示。图 2-67 是 QQ 邮箱的填写方式，其中密码需要通过 QQ 邮箱生成授权码，其他邮箱的设置方式可以参考其官方文档。再次测试就会出现邮件发送成功的提示,与此同时,我们也收到了邮件。

图 2 – 67　WP Mail SMTP 设置界面

2.3.6　WordPress 子主题插件

搜索插件"Child Theme Configurator",并安装启用。在左侧工具菜单下会多出一个"Child Themes"菜单。进入此菜单,如图 2 – 68 所示。可以看到"Parent/Child"选项卡下的第一步,提供了 4 种操作子主题的方式:创建一个新的子主题、配置一个已存在的子主题、复制一个子主题以及重置一个已存在的子主题。

图 2 – 68　Child Themes 管理界面

我们选择第一个选项(Create a New Child Theme),第二步选择"Twenty Seventeen"主题,点击"Analyze"按钮。如果成功,网页下方会多出4-9个步骤,如图2-69所示。可以看到第四步中插件给子主题取名叫作"twentyseventeen-child02",因为我们之前已经建立了一个子主题,所以这里的子主题后面会多一个"02"。点击第九步的"Create New Child Theme",子主题创建成功。可以看到系统根目录下的"wp-content/themes"目录多了一个"twentyseventeen-child02"主题文件夹,此主题文件夹下默认建立了三个文件:functions.php、screenshort.png和style.css。这与我们之前手动建立的文件一样。

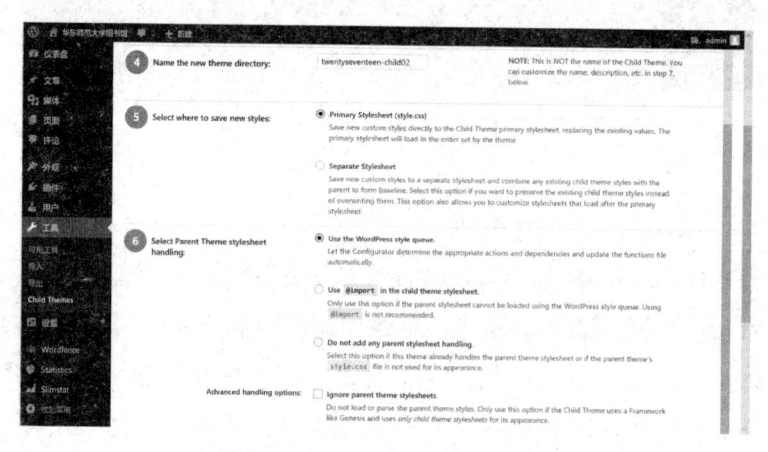

图2-69 Child Themes 4-9步骤

此外,"Child Theme Configurator"插件还提供了其他功能,例如:Query/Selector、Property/Value、Web Fonts等功能。读者可以根据自己的需求进行配置。

2.4 开源软件 WordPress 常用设置以及常见问题

在使用WordPress的过程中,还会遇到很多上文没有讲到的问题,例如:用户权限管理、评论管理、网站迁移、网站更换域名等。下面我们就将对一些常用的设置以及常见的问题进行分析。

2.4.1 WordPress 数据表详解

我们知道 WordPress 的使用非常广泛,但是仍然存在很多其他的网站系统,用于内容管理。如果想从其他内容管理系统迁移到 WordPress 系统,我们应该怎么做呢？首先我们需要理解 WordPress 的数据库结构,然后从其他系统将数据导入到 WordPress 系统。下面我们就详细介绍 WordPress 的数据库结构。

目前的 WordPress 系统默认有 12 张表,如 2 - 70 图所示。

```
ecnulib_commentmeta
ecnulib_comments
ecnulib_links
ecnulib_options
ecnulib_postmeta
ecnulib_posts
ecnulib_term_relationships
ecnulib_term_taxonomy
ecnulib_termmeta
ecnulib_terms
ecnulib_usermeta
ecnulib_users
```

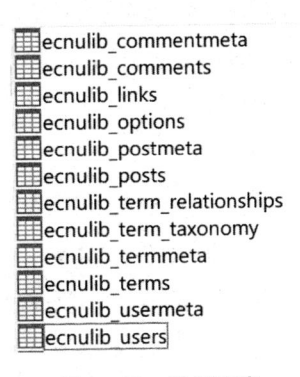

图 2 - 70 数据库表

1. ecnulib_commentmeta:文章评论额外信息表。

2. ecnulib _comments:文章评论信息表。

　　comment_ID - 每个评论的唯一 ID 号,是一个 bigint(20) 值。带有附加属性 auto_increment。

　　comment_post_ID - 每个评论对应的文章的 ID 号,int(11) 值,等同于 wp_posts. ID。

　　comment_author - 每个评论的评论者名称,tinytext 值。

　　comment_author_email - 每个评论者的电子邮件地址,varchar(100) 值。

　　comment_author_url - 每个评论的评论者网址,varchar(200) 值。

　　comment_author_IP - 每个评论的评论者的 IP 地址,varchar(100) 值。

　　comment_date - 每个评论发表的时间,datetime 值(是加上时区偏移量后的值)。

comment_date_gmt — 每个评论发表的时间，datetime 值（是标准的格林尼治时间）。

comment_content — 每个评论的具体内容，text 值。

comment_approved — 每个评论的当前状态，为一个枚举值，enum('0','1','spam'),0 为等待审核,1 为允许发布,spam 为垃圾评论。默认值为 1。

comment_agent — 每个评论的评论者的客户端信息，varchar(255)值，主要包括其浏览器和操作系统的类型、版本等资料。

comment_type — 评论的类型，varchar(20)值。

comment_parent — 某一评论的上级评论，int(11)值，对应 wp_comment.ID，默认为 0，即无上级评论。

user_id — 某一评论对应的用户 ID，只有当用户注册后才会生成，int(11)值，对应 wp_users.ID。未注册的用户，即外部评论者，这个 ID 的值为 0。

3. ecnulib _links: 用于保存用户输入到 WordPress 中的链接的表。

link_id — 每个链接的唯一 ID 号，bigint(20)值，附加属性为 auto_increment。

link_url — 每个链接的 URL 地址，varchar(255)值，形式为 http:// 开头的地址。

link_name — 单个链接的名字，varchar(255)值。

link_image — 链接可以被定义为使用图片链接，这个字段用于保存图片的地址，为 varchar(255)值。

link_target — 链接打开的方式有三种，_blank 为以新窗口打开，_top 为就在本窗口中打开并在最上一级，none 为不选择，会在本窗口中打开。这个字段是 varchar(25)值。

link_category — 某个链接对应的链接分类，为 int(11)值。相当于 wp_linkcategories.cat_id。

link_description — 链接的说明文字。用户可以选择显示在链接下方还是显示在 title 属性中。varchar(255)值。

link_visible — 该链接是否可以，枚举 enum('Y','N')值，默认为 Y，即可见。

link_owner — 某个链接的创建人，为 int(11)值，默认是 1。（应该对应的就是 wp_users.ID） link_rating - 链接的等级,int(11)值。默认为0。

link_updated - 链接被定义、修改的时间,datetime 值。

link_rel - 链接与定义者的关系,由 XFN Creator 设置,varchar(255)值。

link_notes - 链接的详细说明,mediumtext 值。

link_rss - 该链接的 RSS 地址,varchar(255)值。

4. ecnulib_options:用于保存 WordPress 相关设置、参数的表。基本配置信息表,通常通过 get_option 来操作,该表通常作为插件存储数据的一个地方。是用来存储 WordPress 中所有全局选项的数据表。

option_id - 选项的 ID,bigint(20)值,附加 auto_increment 属性。

option_name - 选项名称,varchar(64)值。

option_value - 选项的值,longtext 值。

autoload - 选项是否每次都被自动加载,枚举 enum('yes','no')值,默认为 yes。

5. ecnulib_postmeta:用于保存文章的元信息(meta)的表。文章额外数据表,例如文章浏览次数、文章的自定义字段等都存储在这里。

meta_id - 元信息 ID,bigint(20)值,附加属性为 auto_increment。

post_id - 文章 ID,bigint(20)值,相当于 wp_posts.ID。

meta_key - 元信息的关键字,varchar(255)值。

meta_value - 元信息的值,text 值。

6. ecnulib_posts:用于保存你所有的文章(posts)的相关信息的表。文章信息表,包括了日志、附件、页面等信息,是 WordPress 最重要的一个数据表。

ID - 每篇文章的唯一 ID,bigint(20)值,附加属性 auto_increment。

post_author - 每篇文章的作者的编号,int(4)值,应该对应的是 wp_users.ID。

post_date - 每篇文章发表的时间,datetime 值。它是 GMT 时间加上时区偏移量的结果。

post_date_gmt - 每篇文章发表时的 GMT(格林尼治)时间,datetime 值。

post_content - 每篇文章的具体内容,longtext 值。你在后台文章编辑页面中写入的所有内容都放在这里。

post_title - 文章的标题,text 值。

post_category - 文章所属分类,int(4)值。

post_excerpt - 文章摘要,text 值。

post_status - 文章当前的状态,枚举 enum('publish','draft','private','static','object')值,publish 为已发表,draft 为草稿,private 为私人内容(不会被公开),static(不详),object(不详)。默认为 publish。

comment_status - 评论设置的状态,也是枚举 enum('open','closed','registered_only')值,open 为允许评论,closed 为不允许评论,registered_only 为只有注册用户方可评论。默认为 open,即人人都可以评论。

ping_status - ping 状态,枚举 enum('open','closed')值,open 指的是打开 pingback 功能,closed 为关闭。默认值是 open。

post_password - 文章密码,varchar(20)值。文章编辑才可为文章设定一个密码,凭这个密码才能对文章进行重新强加或修改。

post_name - 文章名,varchar(200)值。这通常是用在生成 permalink 时,标识某篇文章的一段文本或数字,也即 post slug。

to_ping - 强制该文章去 ping 某个 URI,text 值。

pinged - 该文章被 pingback 的历史记录,text 值,为一个个的 URI。

post_modified - 文章最后修改的时间,datetime 值,它是 GMT 时间加上时区偏移量的结果。

post_modified_gmt - 文章最后修改的 GMT 时间,datetime 值。

post_parent - 文章的上级文章的 ID,int(11)值,对应的是 wp_posts. ID。默认为 0,即没有上级文章。

guid - 这是每篇文章的一个地址,varchar(255)值。默认是这样的形式:http://your. blog. site/? p=1,如果你形成 permalink 功能,则通常会是:你的 Wordpress 站点地址+文章名。

post_type - 文章类型,varchar(100)值。默认为 0。

comment_count - 评论计数,bigint(20)值。

7. ecnulib_termmeta:分类与文章信息表(wp_posts)、链接表(wp_links)的关联表。

8. ecnulib_terms：文章分类、链接分类、标签的信息表。

9. ecnulib_term_relationships：分类与文章信息表（wp_posts）、链接表（wp_links）的关联表。

10. ecnulib_term_taxonomy：分类信息表，区分 wp_terms 信息的分类类型，有 category、link_category 和 tag 三种分类类型。

11. ecnulib_usermeta：用于保存用户元信息（meta）的表。

umeta_id － 元信息 ID，bigint(20)值，附加属性 auto_increment。

user_id － 元信息对应的用户 ID，bigint(20)值，相当于 wp_users.ID。

meta_key － 元信息关键字，varchar(255)值。

meta_value － 元信息的详细值，longtext 值。

12. ecnulib_users：用于保存 WordPress 使用者的相关信息的表。

ID － 用户唯一 ID，bigint(20)值，带附加属性 auto_increment。

user_login － 用户的注册名称，varchar(60)值。

user_pass － 用户密码，varchar(64)值，这是经过加密的结果。好像用的是不可逆的 MD5 算法。

user_nicename － 用户昵称，varchar(50)值。

user_email － 用户电邮地址，varchar(100)值。

user_url － 用户网址，varchar(100)值。

user_registered － 用户注册时间，datetime 值。

user_activation_key － 用户激活码，不详。varchar(60)值。

user_status － 用户状态，int(11)值，默认为 0。

display_name － 来前台显示出来的用户名字，varchar(250)值。

做网站数据导入，不仅要理解 WordPress 的数据表结构，还需要理解原系统的数据结构，两个系统做好对应后才能够将数据完整导入。

2.4.2 WordPress 后台管理权限配置

目前，我们的系统只有一个用户（admin），如果需要多个人对网站进行管理，则需要更多的用户。可以进入管理面板，进入"用户－>添加用户"，如图 2－71 所示。必须填写用户名和电子邮箱。此外，最后还有一个角色的选项。在 Word-

Press 中,角色有 5 种:订阅者、投稿者、作者、编辑和管理员。各种角色的权限如下:

1. 订阅者:只有阅读权限,可以修改自己的个人资料,例如昵称、联系信息、密码等。

2. 投稿者:具有订阅者的所有权限。可以发表文章,但需要经过管理员审核后才能显示;对待审中的文章可以编辑,但对已通过审核的文章不能编辑。

3. 作者:具有投稿者的所有权限。发布文章不需要审核,并且可以编辑已通过审核的文章,还可以上传文件和使用媒体库。

4. 编辑:具有作者的所有权限。可以对文章标签、分类进行管理,可以添加或编辑页面,可以管理友情链接,可以上传文件等。编辑拥有除系统功能设置外的所有权限。

5. 管理员:可以控制用户写文章、创建页面、管理插件、管理主题以及管理其他用户的权限。管理员可以通过后台分配用户权限。另外,管理员还可以删除管理员。所以,这个权限的角色务必要保护好。

图 2-71 添加用户界面

如果大家想修改这些默认的角色权限应该怎么办呢？可以借助插件"User Role Editor"。搜索安装并启用此插件,如 2-72 图所示。此插件提供角色对主题、文章、页面等的管理权限,并且支持用户添加和删除角色。由此可见,"User Role Editor"是一款功能非常强大的角色编辑插件。

104

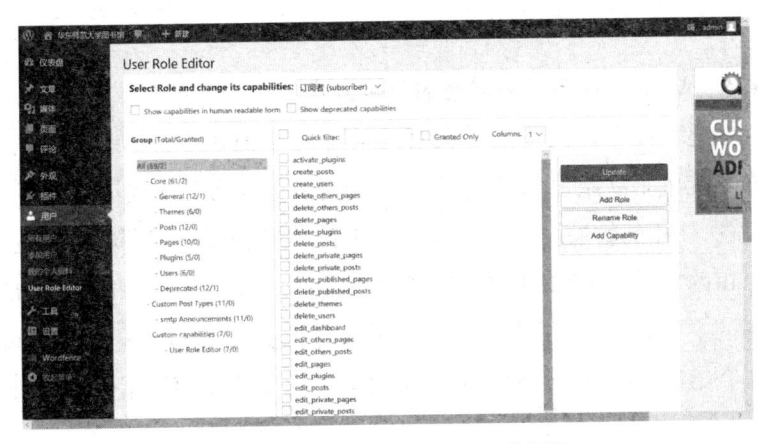

<<< 第二章 开源软件 WordPress 在图书馆门户网站中的应用

图 2-72 User Role Editor 插件界面

以上添加用户的方式是通过管理员添加的，如果用户很多，则添加起来非常麻烦。为此，WordPress 提供了用户自主注册的方式。进入"设置 - >常规"页面，如图 2-73 所示。可以设置成员资格为任何人都可以注册，并选择新用户的默认角色。

图 2-73 设置用户注册权限

用户角色及其权限设置对于系统的管理非常重要，对于系统的扩展用途也非常广泛，深入理解用户角色权限对于以后开发系统有很大的帮助。

2.4.3 WordPress 与门户网站的对接方式

我们知道 WordPress 系统是内容管理系统,是从博客系统发展而来的,用来做新闻发布系统也非常合适。目前我校图书馆的新闻发布系统就是基于 WordPress 系统开发的,使用的效果很好,而且不停地更新,与 WordPress 系统保持同步。

图书馆的官方网站和新闻发布系统是分开的,如果要将新闻的内容显示在图书馆官网的主页应该如何操作呢?我们可以直接读取 WordPress 的数据库,之前已经详细介绍过 WordPress 的 12 张基本数据表,下面我们就介绍对这些数据表的操作。

首先我们需要做的是连接 WordPress 数据库。代码如下,其中星号(*)内容大家需要填写与自己系统相关的内容。

```php
<?php
$conn = mysqli_connect("*.*.*.*","news","*****") or die("无法连接数据库服务器!");
mysqli_select_db($conn,"*") or die("无法连接数据库!");
mysqli_query($conn,"set names utf8");
?>
```

连接好数据库之后就可以对相应的表进行查询和筛选了,代码如下。

```php
<?php
$query1 = "select ID,post_title,guid,post_date from wp_posts,wp_term_relationships,wp_term_taxonomy where ID=object_id and wp_term_relationships.term_taxonomy_id = wp_term_taxonomy.term_taxonomy_id and post_type='post' and post_status='publish' and wp_term_relationships.term_taxonomy_id = '1' and taxonomy = 'category' and id <>'4366' order by post_date desc limit 0,5";
$result1 = mysql_query($query1,$conn);
if(!$result1){die("Valid result!");}
while($row = mysql_fetch_row($result1))
echo "<dd><a href=\"$row[2]\" target=\"_blank\">$row[1]</a></dd>"?>
```

以上代码都是在实际运行中的代码,大家可以根据自己的情况进行修改即可使用。

2.4.4 WordPress 常见问题小结

以上讲述了 WordPress 使用以及开发的方法,但是并不是每一个步骤都会完美无瑕。大家在使用的过程中,总是会遇到各种各样的问题。下面我们将介绍一些在开发使用过程中经常会遇到的问题及其解决办法。

1. WordPress 更换域名之后,图片不能访问或者域名错误

此问题的主要原因是 WordPress 数据库中已经记录了各个资源的地址,而且是使用原域名进行记录的,更换域名后,地址就会错误。解决此问题有两个方法:

方法一:在文件 wp-config.php 下添加如下代码,添加位置可以在文件的最后。

```
$home = 'http://'.$_SERVER['HTTP_HOST'];
$siteurl = 'http://'.$_SERVER['HTTP_HOST'];
define('WP_HOME',$home);
define('WP_SITEURL',$siteurl);
```

方法二:方法一仅仅是在访问的过程中将访问的元素增加了内容,并未将原始链接修改。原始链接保存在数据库中的 xx_post 和 xx_postmeta 两张表中,可以直接使用 navicat 将两张表中的原始链接替换成新的域名即可。

2. WordPress 更新问题:cURL error 35 error 0D0C50A1asn1 encoding routines ASN1_item_verif

此问题一般将服务器重新启动即可解决。如果不能解决可以尝试将 ssl 验证取消。编辑文件"/wp-includes/class-http.php",修改 ssl 认证状态,将 true 改为 false,如下所示:

```
'decompress' => true,
//'sslverify' => true
'sslverify' => false,
'sslcertificates' => ABSPATH. WPINC. '/certificates/ca-bundle.crt',
'stream' => false,
```

```
'filename' => null,
'limit_response_size' => null,
);
```

3. WordPress 隐藏页面或文章的标题

有时候我们需要隐藏页面或文章的标题,这里介绍两种方法:

方法一:

最直接的方法就是在页面中取消显示标题,如果要取消单独页面的标题,则进入外观->编辑->单独页面 page.php,将 the_title()注释掉。如图2-74所示。

```
<article id="post-<?php the_ID(); ?>" <?php post_class(); ?>>
    <header class="entry-header">
        <?php if ( has_post_thumbnail() && ! post_password_required() ) : ?>
        <div class="entry-thumbnail">
            <?php the_post_thumbnail(); ?>
        </div>
        <?php endif; ?>

        <h1 class="entry-title"><?php //the_title(); ?></h1>
    </header><!-- .entry-header -->
```

图 2-74　隐藏标题代码

方法二:

安装插件"Hide Title",在编辑页面或文章的时候就会在右下方出现如下的选项,选择隐藏即可。可是有个弊端,网页会先加载标题再隐藏,这就会发生闪现现象,所以,我们建议使用方法一。

图 2-75　隐藏标题插件

108

4. WordPress 主题不显示或只显示一个主题

这个问题不是很常见,其实主要原因是 php.ini 里禁用了 scandir 函数。找到原因我们就可以直接修改 php.ini 文件,在文件中搜索"disable_functions",并将其后的 scandir 值删除即可。

5. 隐藏评论

如果要隐藏评论系统的评论也有很多方法,譬如通过插件的方式,但是这里我们介绍一个最简单有效的方法,那就是修改主题中的文章页面 single.php 的代码。

```
<? php comments_template('/comments.php',true);?>
```

将其注释如下:

```
<? php//comments_template('/comments.php',true);?>
```

到此,我们已经完成了使用开源软件 WordPress 搭建图书馆新闻网的后台,相信大家根据上面的步骤就可以轻松地搭建一个属于自己的基于内容管理的发布平台。

华东师范大学图书馆新闻网和数据库简介网站都是基于 WordPress 搭建的。其中,图书馆新闻网从 2006 年 5 月份上线以来,共发表文章 2460 多篇,读者累计评论 2800 多条。新闻网在 2017 年 5 月对 WordPress 进行了全面升级,并且加入了访问统计功能。从 2017 年 5 月以来,文章累计点击量将近 200 万次,访问量超过 13.6 万人次。单日最高访问量达 1071 人次,点击量超过 2 万次。新闻网作为图书馆的核心发布平台,服务了全校的师生,为馆员发布新闻以及广大师生了解图书馆的动态提供了非常方便的通道。WordPress 作为一个开源的内容管理系统,为我们提供了非常稳定以及丰富的服务。

第三章

phpBB 软件的安装和升级

3.1 开源软件 phpBB 的下载和安装

3.1.1 phpBB 软件的下载

软件官方下载地址:https://www.phpbb.com/downloads/,截止到 2018 年 1 月,最新版本已经更新到了 3.2.2。其实,phpBB 已经有了中文支持社区,方便起见(不需要下载中文简体语言包)也可以在 phpBB 官方中文支持社区的网站直接下载简体中文版,下载地址:https://www.phpbbchinese.com/。考虑到当时华东师范大学图书馆读者园地建站的时候使用的版本是 3.0.7,那么这次书中依旧使用这个版本来安装,后续会讲解如何升级。

在配置好 Apache、PHP 和 MySQL 之后(详见第一章),phpBB3.0 的安装过程将会非常的简单明了,因为 phpBB 的安装向导将会指引整个安装过程。下面将带领大家开启愉快的安装之旅。

3.1.2 phpBB 软件的安装

1. 安装需求

(1)一个 Web 服务器,或一个 Web 服务器空间账号,服务器必须支持 PHP。

(2)一个 SQL 数据库系统,可以是以下数据库之一:

MySQL 3.23 及以上版本(支持 MySQLi)

MS SQL Server 2000 及以上版本

Oracle

PostgreSQL 8.3 及以上版本

SQLite 3.6.15 及以上版本

Firebird 2.1 及以上版本

(3)PHP4.3.3 或更高,同时必须支持使用的数据库,getimagesize( )函数必须要打开,以下可选的 PHP 组件将提供更多的 phpBB 功能,但这些不是必需的:

zlib 压缩支持模块

远程 FTP 支持模块

XML 支持模块

Imagemagick 支持模块

这些模块将会在安装的过程中检测是否存在。

2. 安装步骤

(1)解压:首先解压软件 phpBB3.0.7 到你即将安装的目录下(此次解压在 D:\web\bbs 目录下)。解压之后在浏览器中输入相应的 URL,本书的 URL 为:http://localhost/bbs(或者你已申请好的域名,比如 http://www.yoursite.com/phpBB3),phpBB 会自动检测到本机尚未安装,页面会自动跳转到 http://localhost/bbs/instal/index.php 安装界面。如图 3-1 所示,安装界面会有一个简短的 phpBB 介绍,这里可以阅读到 phpBB 发布所使用的许可协议(General Public License)。在页面右上角可以选择安装语言,我们选择"简体中文",点击"change"按钮,下面的安装将会在中文模式下进行。

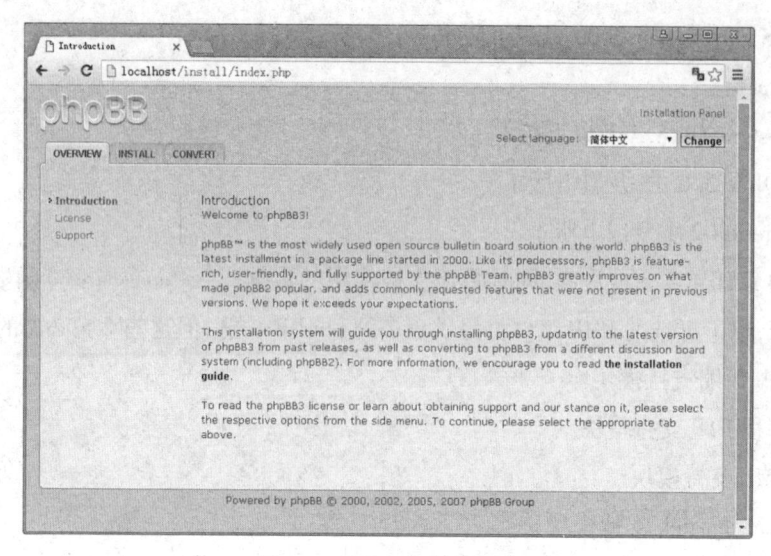

图 3–1　phpBB 安装界面

（2）简介：全新安装的第一个页面显示的内容就是安装软件的最低要求，phpBB3 会自动检测，看看必要的需求是否都满足，如图 3–2 所示。若想要完成安装，我们必须要有符合要求的 PHP 版本，还有至少一个兼容的数据库，以及确定各个文件夹的权限是否满足要求。点击"继续进行下一步"开始检测。

图 3–3 是检测 PHP 版本及设置，图 3–4 则是检测 mbstring 插件和支持的数据库，图 3–5 检测可选模块、文件与目录、可选的文件与目录。总的来说，就是 phpBB 会自动检查它需要的模块是否已经安装在服务器上。更重要的是你所用的账号对于服务器的文件夹必须有合适的权限。可以仔细查看每一节的描述，找出是否存在需要修改和调整的地方，如果一切正常，就可以继续安装。

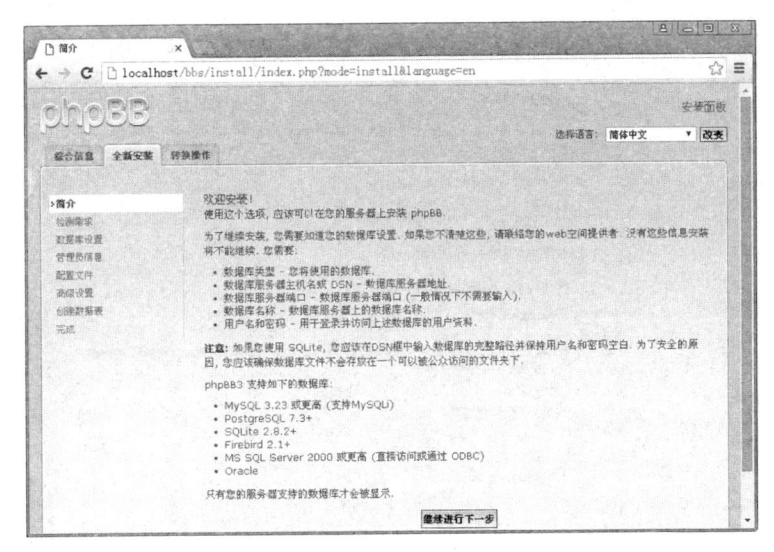

<<< 第三章 phpBB 软件的安装和升级

图 3-2 phpBB 简介

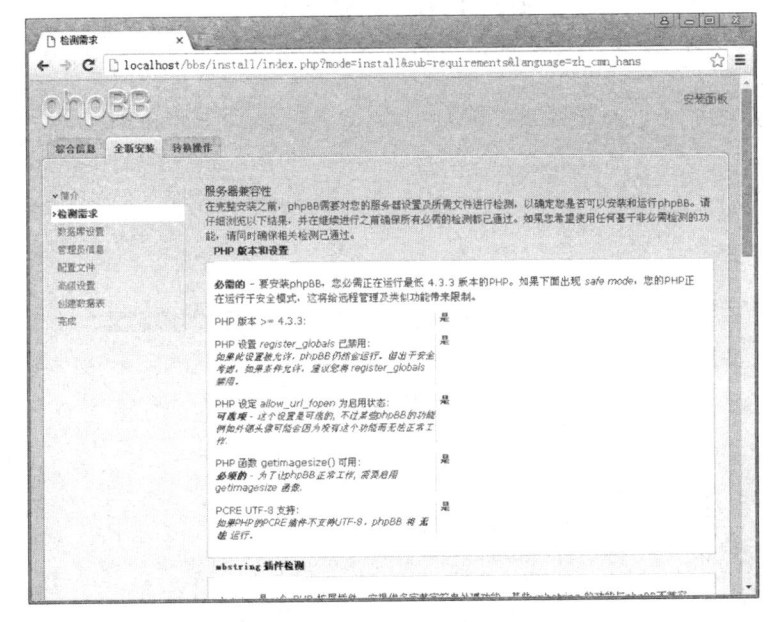

图 3-3 phpBB 检测需求一

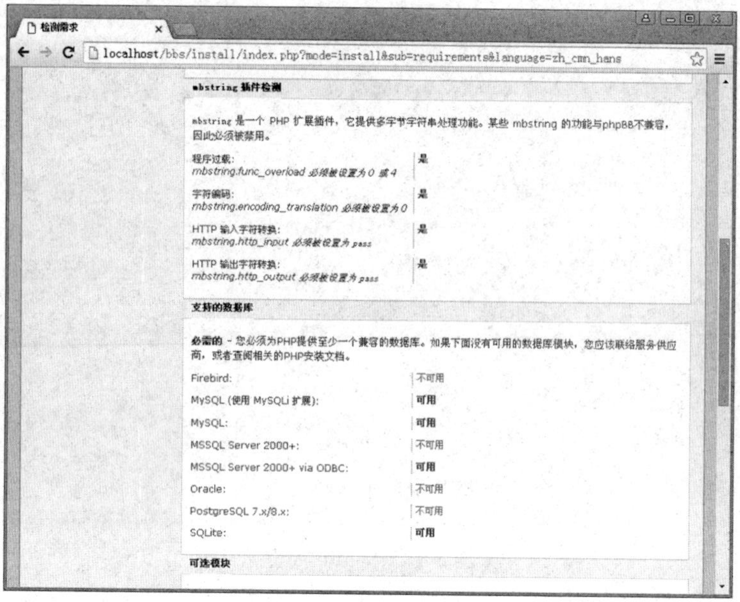

图 3-4　phpBB 检测需求二

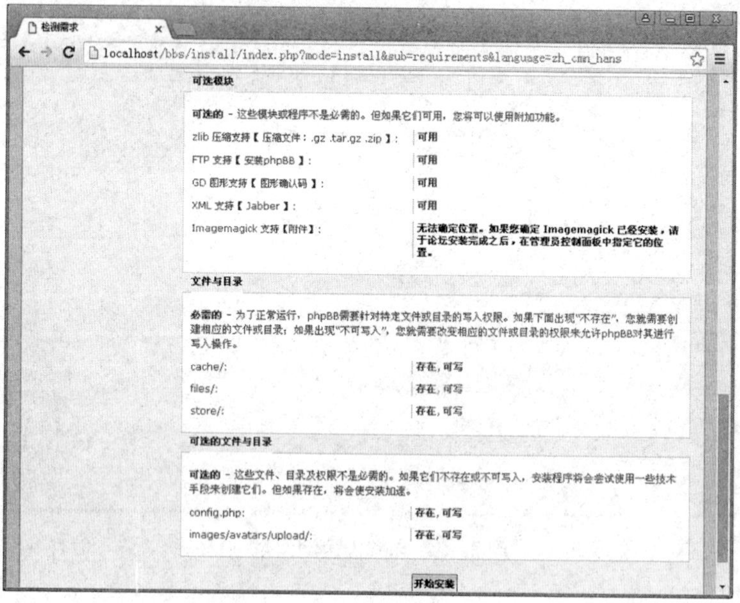

图 3-5　phpBB 检测需求三

(3)数据库设置:由于 phpBB 支持多个数据库平台,所以,这一步你需要决定使用哪个数据库:

①数据库类型:MySQL,SQL server 等;

②数据库主机名或者 DSN:数据库服务器的地址;

③数据库服务器端口:数据库服务所在的端口(一般情况下不需要输入);

④数据库的名称:在数据库服务器上你的数据库的名字;

⑤数据库用户名及密码:访问数据库时所需要的用户名及密码。

由于我们使用的是 MySQL 服务器,建议尽量使用 MySQL 扩展链接方式。对于数据库前缀,phpBB 官方的说法是无需修改,除非是要在数据库中安装多个 phpBB 论坛程序,但是根据多年 Web 开发的经验,我们建议修改一下数据库设定中的数据表前缀,因为一旦软件有漏洞,表名就容易被猜对,可能会导致数据库的内容外漏。

输入完成后,点击"继续进行下一步"按钮,进入下一个安装步骤,phpBB3 会测试并验证数据库的这些参数是否正确可用。如果你看到"连接数据库失败"的错误信息,那么就是说你输入的这些数据库参数有误,请重新输入并核对后,再次点击"继续进行下一步"。如图 3 – 6 所示。

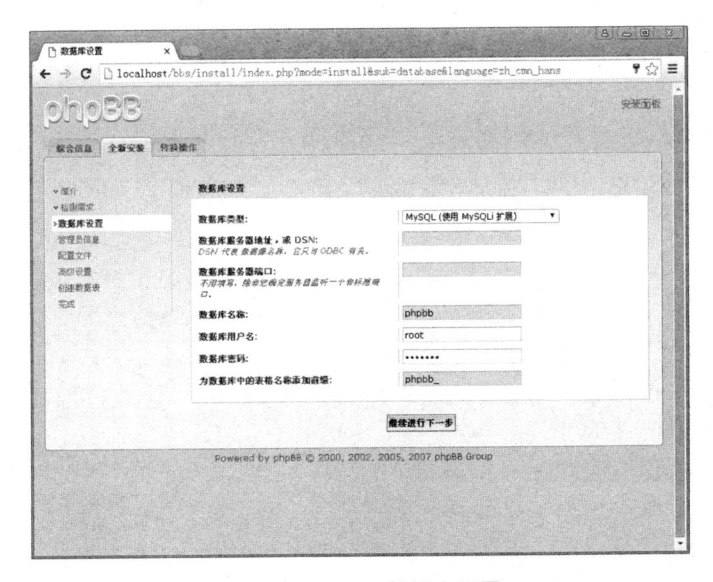

图 3 – 6　phpBB 数据库设置

(4)管理员信息：接下来我们需要创建管理员，也是论坛的第一个用户，这个用户拥有完整的管理权限，所以，这几处都是必须要填写的。这里的 Email 地址也是系统所用的 Email 地址，所有填写的信息都要准确，如图 3-7 所示。

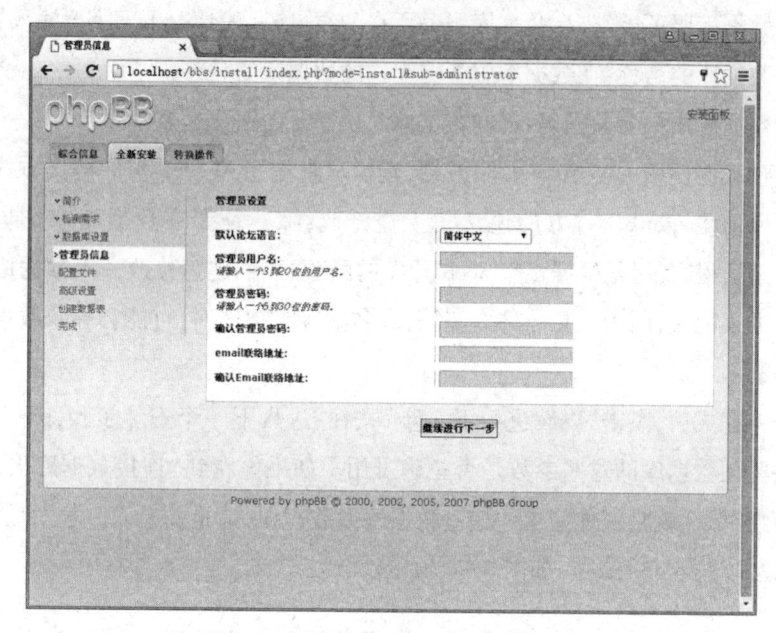

图 3-7　管理员信息一

点击"继续进行下一步"按钮后，安装向导会对所填写内容进行检测，如果出现检测通过的信息，就可以点击"继续进行下一步"的按钮了，如图 3-8 所示。

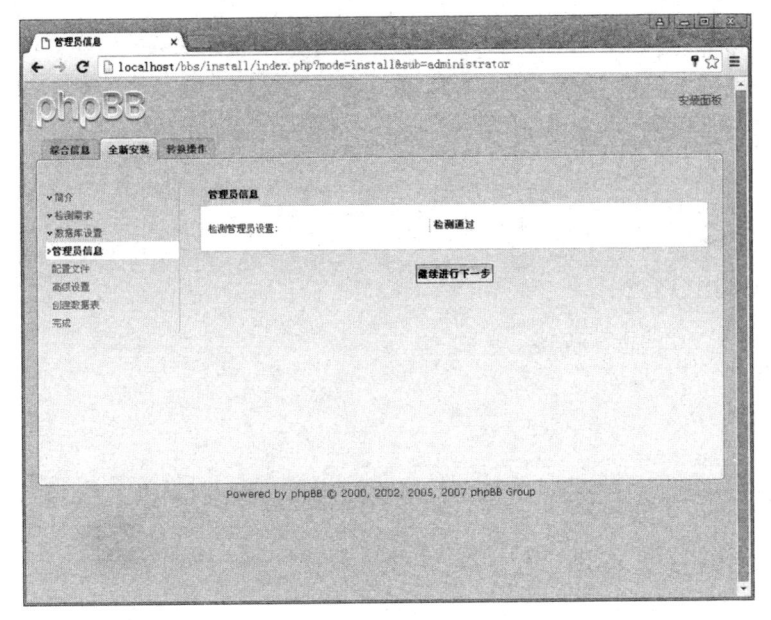

图3-8 检测管理员设置

（5）配置文件：在这一步，phpBB会自动地尝试把数据库配置等内容写入到配置文件中，论坛的安装也将依赖这个配置文件。通常前面的文件在权限检测的时候，如果配置文件的权限是可以写入的，那么这里就将自动地把配置内容写入到文件中了（参照图3-5）。但是若权限是不可写的，那么就需要手工把配置文件上传到指定的目录，phpBB会要求你下载config.php文件，并且告诉你如何做。在这里，我们把config.php文件设置为可修改状态，点击按钮进入下一步，如图3-9所示。

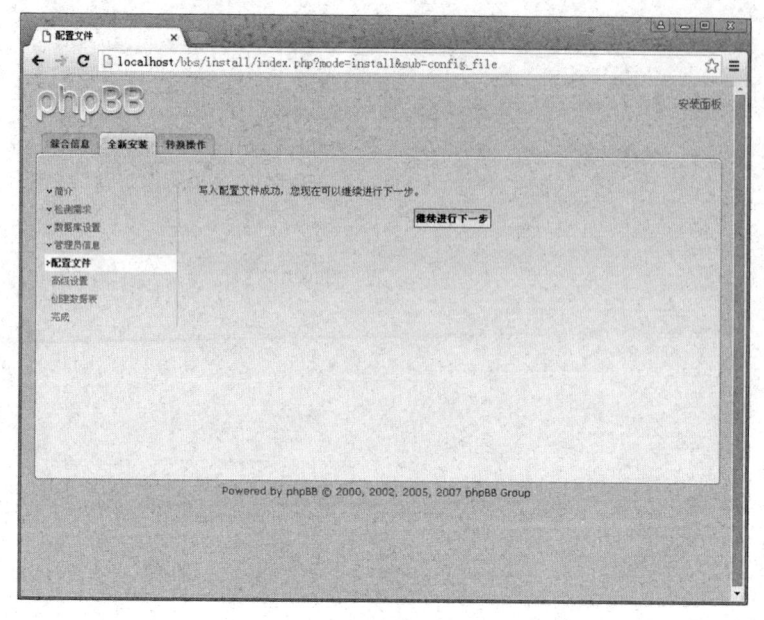

图3-9　配置文件写入

（6）高级设置：这里主要是对论坛的一些参数进行设置。由于你可以在安装后再修改这些参数，所以在你不确定这些参数的作用，不知道如何设置的时候，可以使用默认值，直接进入下一步完成安装，如图3-10和图3-11所示。

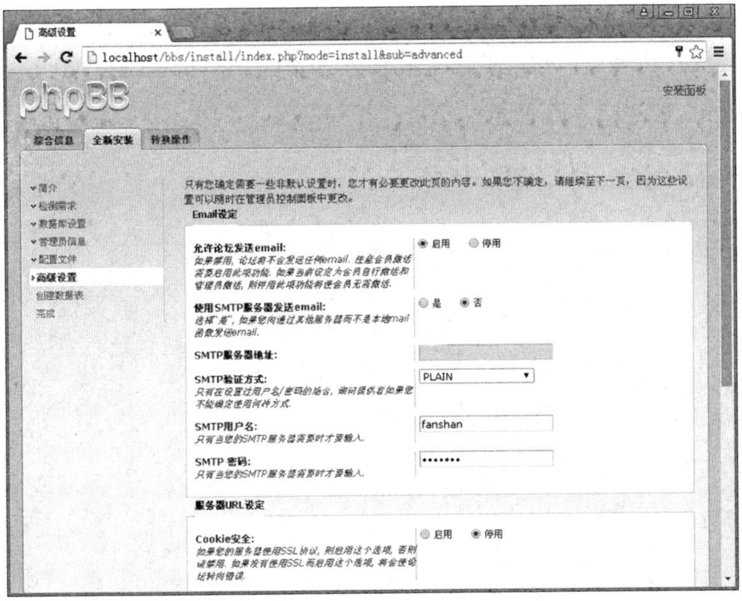

<<< 第三章 phpBB 软件的安装和升级

图 3-10 高级设置之 Email

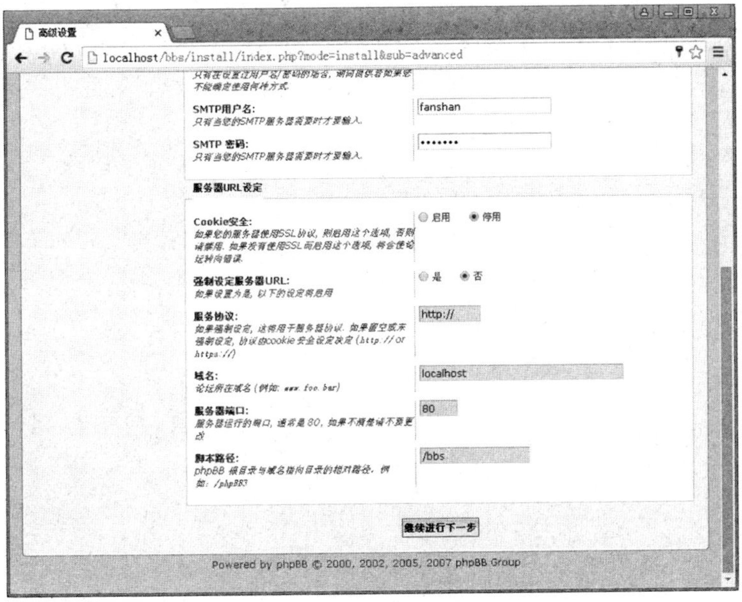

图 3-11 高级设置之 URL

119

(7)创建数据表:直接点击"继续进行下一步"按钮,如果安装成功,就可以使用"登入论坛"按钮,访问管理员控制面板,这时说明 phpBB 软件已经完成了安装。如图 3-12 和 3-13 所示。

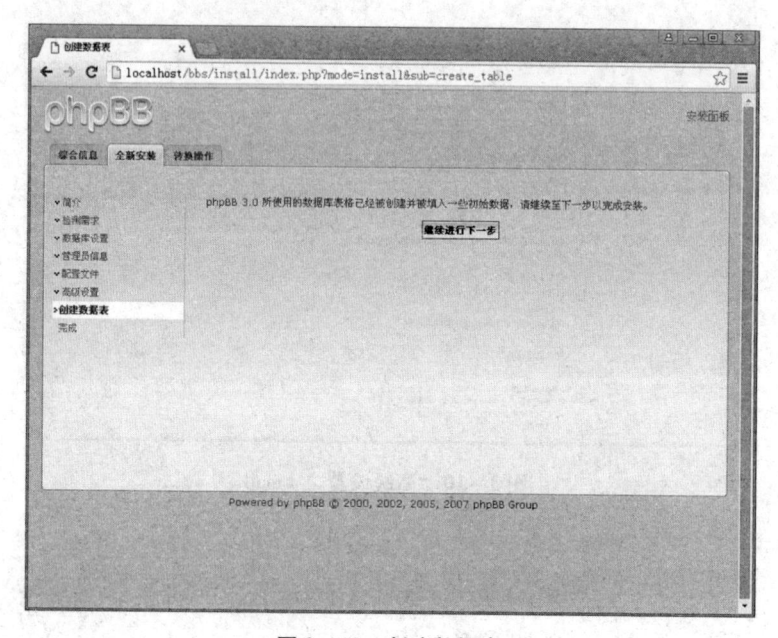

图 3-12 创建数据表

<<< 第三章 phpBB 软件的安装和升级

图 3-13 phpBB 安装完成

3.2 开源软件 phpBB 软件的设置

安装完成后页面会跳转到"管理员控制面板"(ACP),如图 3-14 所示,也可以通过点击论坛页脚的【管理员控制面板】访问这个页面。为了让管理员能更轻松地进行各种设置,相比以往版本的 phpBB,新版将会具有更高的配置灵活度,可以调试、校正或者关闭论坛几乎所有的功能。

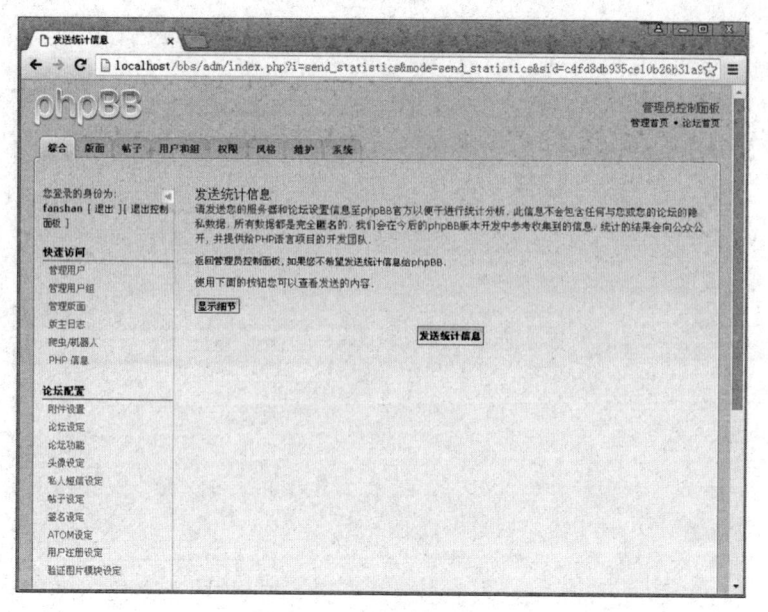

图 3-14　管理员控制面板

3.2.1　phpBB 综合配置

综合配置里主要包括"快速访问配置""论坛配置""客户端通信配置"和"服务器配置"四个部分,我们将选择相对较重要的配置进行介绍。

1. 论坛配置

(1)附件配置

新版 phpBB 的新功能之一就是可以上传附件,是可以附加在文章上的文件,就像 Email 的附件一样。附件的文件大小、文件格式等都需要通过论坛管理员的设置来控制,这些限制条件都在附件设置的界面。如图 3-15 和 3-16 所示。

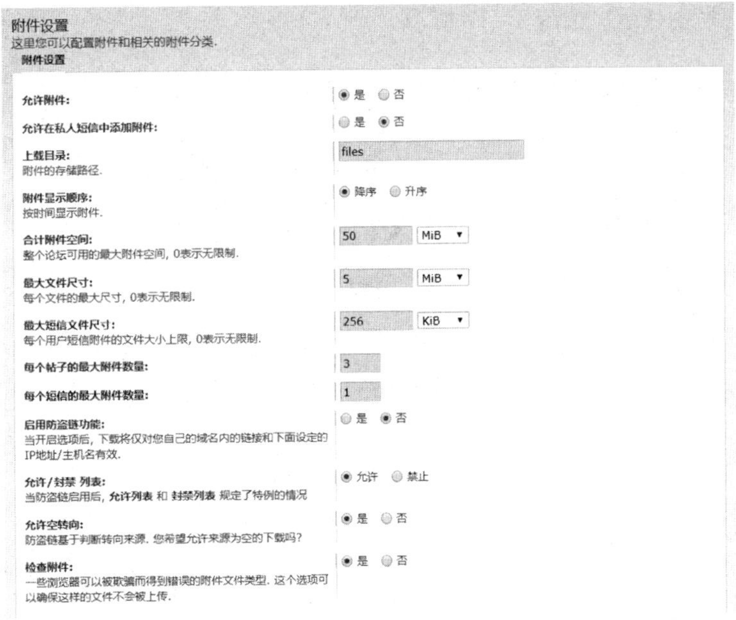

图 3-15　附件设置

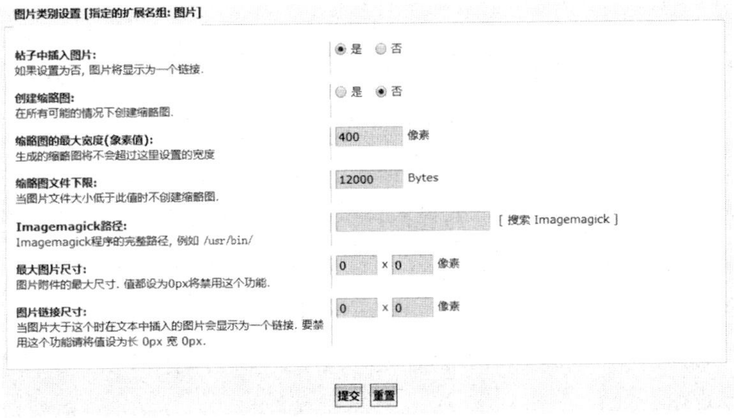

图 3-16　图片类别设置

(2)论坛配置

①站点名称:建站之后我们想要编辑的第一个配置应该就是论坛名称了,这也是论坛区别于其他论坛的地方。在"站点名称"输入框中输入的内容将在浏览

器的标题栏中显示。如图3-17所示。

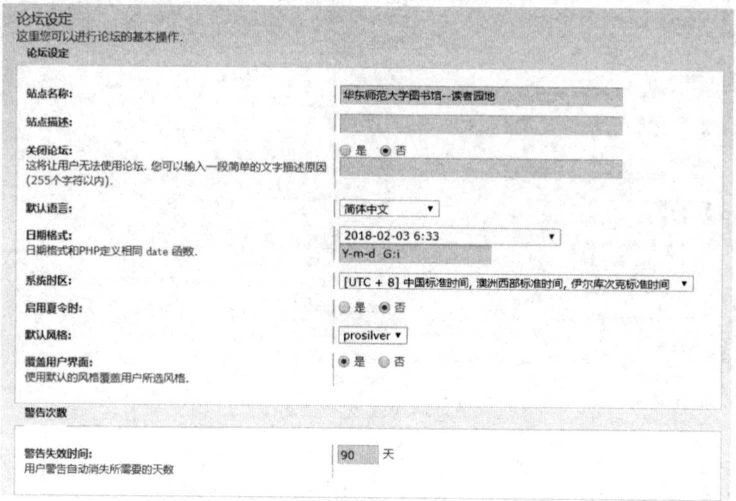

图3-17 论坛设置

②站点描述：一般来说是本站的简要说明，在默认的模板下，将会显示在站点名称下面。

③关闭论坛：如果因为站点维护而要暂时关闭论坛，可以使用这里的关闭论坛开关。除了管理员或者论坛版主以外的其他用户都将无法访问版面。此时首页会显示一个默认的消息或者自定义的说明，这个说明文字在关闭论坛开关下方的文字框中输入。站点关闭期间，论坛管理员和论坛版主依然可以登录论坛并使用特定的管理界面。

④默认语言：这将是游客访问论坛时所看到的语言，而只有注册用户才能更换他们的语言显示。默认的语言只有英语，但是可以从phpBB官方网站下载其他语种并安装到论坛上。

⑤日期格式：phpBB3预设了一些基本的日期格式供选择，如果这些不能满足你的需求，你可以自定义其他的显示方式，通过下面的文字输入框输入，格式可以参考PHP的data()函数。

⑥系统时区：在系统的时区选择菜单中可选的时区基于相对UTC时间(大多数使用GMT格林尼治时间)。同时，还可以设置使用夏令时。

⑦默认风格:这将显示给游客和使用默认风格的用户。在标准的 phpBB 安装中,有两个可使用的风格:"prosilver"和"subsilver2"。可以设置是否允许用户选择风格,如果选择覆盖用户风格为"是",那么所有用户都只能使用默认风格。一般来说,我们都选择了"是"。

⑧警告:版主可以给破坏论坛规则的用户发送警告,警告的持续时间指的是一个警告经过多长时间失效,可以选择使用正整数。

(3)论坛功能

从论坛功能界面,可以启用或禁止某些全站功能,即使用户的权限允许使用某些功能,只要这里禁用了,用户就不可以使用。

(4)头像设置

头像一般是比较小的图片,用于显示用户形象或者个性。根据风格的不同,一般头像显示在阅读帖子中"用户名称"附近,从这个界面可以决定用户如何设定他们的头像。如图 3-18 所示。

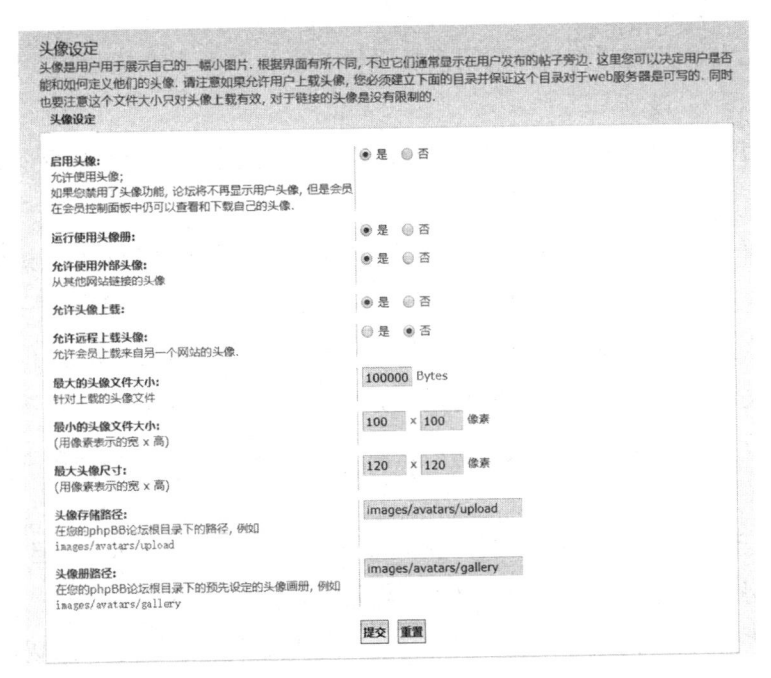

图 3-18 头像设置

用户可以通过三种途径添加头像:

①通过提供的相册:默认路径是 images/avatars/gallery,但是在 phpBB 默认的安装中并没有相册文件夹,需要我们自己手动添加。其图片必须位于相册目录的子目录下,直接位于相册目录下的图片将不会被程序识别。

②远程头像:譬如从其他网站上链接过来的图片,用户可以添加头像链接到自己的用户资料中。我们可以定义图片的最大和最小长宽来控制图片尺寸,但是这种方式的缺点是无法控制文件的大小。

③本地上传头像:用户可以从他们的本地机器上传一个图片到论坛服务器。图片会被存储到你定义的头像的存储路径,默认的路径是 images/avatars/upload,在默认的安装中已经创建了这个路径。当然,首先必须确认这个路径是服务器可写的。头像的文件类型必须是 gif、jpeg 或 png,并且头像会被检查其尺寸和大小是否满足要求。网站管理员可以调整文件的大小限制,超过限制的头像设置将无法上传成功。

(5)综合设置

①私人短信:这里你可以启用或禁用私人短信功能,如果要启用的话,选择"是",如图 3-19 所示。

②每个用户的最大文件夹数量:设定论坛用户最多可以创建多少个短信文件夹。

③每个文件夹中的最大信件数量:用户在每个文件夹中可以存放的短信的最大数量。

④文件夹满时的默认动作:有时候某一用户给其他用户发送短信,但是对方的收件夹满了,在这里设定当这种情况发生时如何处理。可以设置成删除旧信息,或阻止新信息直到收件夹有新的空位。注意,文件夹的默认操作是删除旧信息。

⑤编辑时限:用户可以在收件人阅读信息前进行修改,即使此信息已经发送,可以控制在多长的时限内用户可以对已发送的信息进行编辑。

⑥收信人的数量上限:对单个私人短信的收信人数量进行限制。如果设置为"0"将不做限制,我们也可以在用户组的设置页面中对每个用户组单独进行设置。

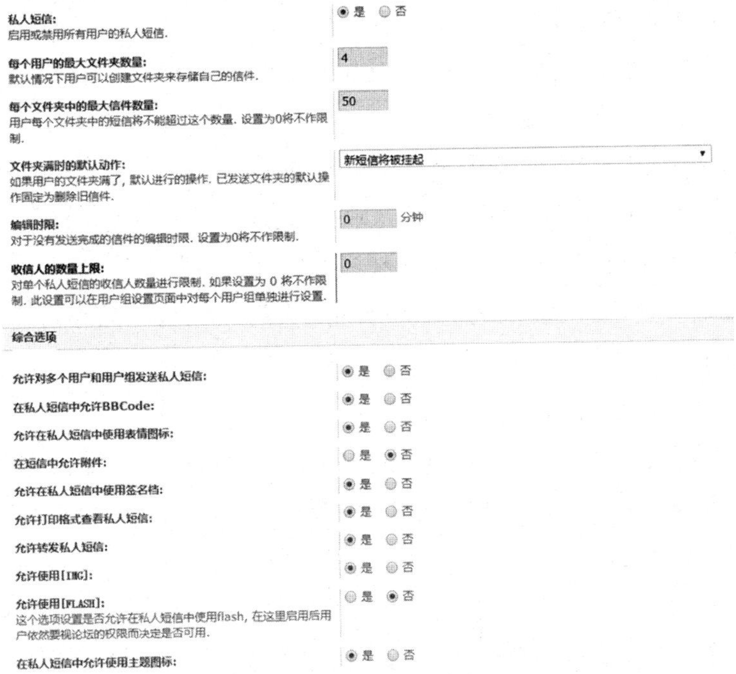

图3-19 私人短信设置

站内短信是注册用户通过论坛进行私下联系的一种途径,从而避免使用Email或即时聊天工具。如果在站内短信设置中禁用这一功能,影响范围则是整个论坛。我们可以设置特定的用户或用户组禁用站内短信,这就需要用到用户权限设置。phpBB软件允许用户创建自己的目录来组织站内短信。可以设置每个用户的最大文件夹数量,默认为"4",设置为"0"则不做限制。也可以设置每个目录能容纳的站内短信数量,默认数值是"50",设置为"0"则不做限制。

如果设置了用户的站内短信数量限制,就需要设置当用户短信数量超出限制时触发的动作。在"文件夹满时的默认动作"列表中选择删除最早的信件或者将新的信件挂起直到用户删除其他信件腾出了空间。注意这个选项只是设置用户的默认处理动作,他们可以在自己的控制面板中各自单独设置。

当发送站内短信后,在收信人阅读前依然可以更改信件的内容,在信件已经被阅读后,就不能再修改了。可以修改短信在阅读前被修改的时间限制,默认的值是"0",这允许在阅读前任何时间内修改。我们可以通过权限设置禁止用户或用户组编辑他们的站内信件。

①允许群发短信:允许站内短信发送给多个用户是默认打开的,如果禁用同时会禁止发送短信给用户组。

②默认情况下允许在短信中使用 BBCode 和表情图标。

③默认情况下不允许在短信中发送附件,此选项在附件设置界面里可以打开,同时设置每个短信中的附件个数限制。

提示:即使启用,依然可以通过权限系统禁止用户在站内短信中使用 BBCode 和表情图标。

2. 客户端通信

除了自身的认证系统,phpBB 还支持其他的客户端通信。phpBB3 支持认证插件(默认的如 Apache、本地 DB、LDAP 插件等)、Email 和 Jabber。这里可以设置所有这些通信手段。

(1)认证设置

①认证方法:phpBB 支持多种认证方法,包括 Apache、DB 和 LDAP 三种。若需要将 phpBB 缺省的 DB 认证方法改成另外两种,则必须确定主机支持它们。另外,在设定新的认证方法时,只需要修改你所选择的认证方法(Apache 或 LDAP)的配置。

②选择一种认证方法:请从选单中选出你需要的认证方法,本书选择的是 LDAP 认证方式,如图 3-20 所示。

③LDAP 服务器名称:选择 LDAP 之后要填上该 LDAP 服务器的域名或者其 IP 地址,并且也可以制定一个 URL,例如 ldap://hostname:port/。

④LDAP 服务器端口:选填,你可以指定用于连接 LDAP 服务器的端口,默认端口为"389"。

⑤LDAP 基础 dn:这是唯一的名字,用于定位用户信息,例如 dc = edu,dc = cn 等。

⑥LDAP uid:这是用于查找给定登录身份的关键字,例如 uid、sn 等。

⑦LDAP email 属性:这个设置是用户的 email 属性名称,以便于为新用户自动设置 email 地址,留空的话将使第一次登录的用户 email 地址为空。

⑧LDAP 用户过滤:选填,你可以使用附加条件过滤搜索的对象。

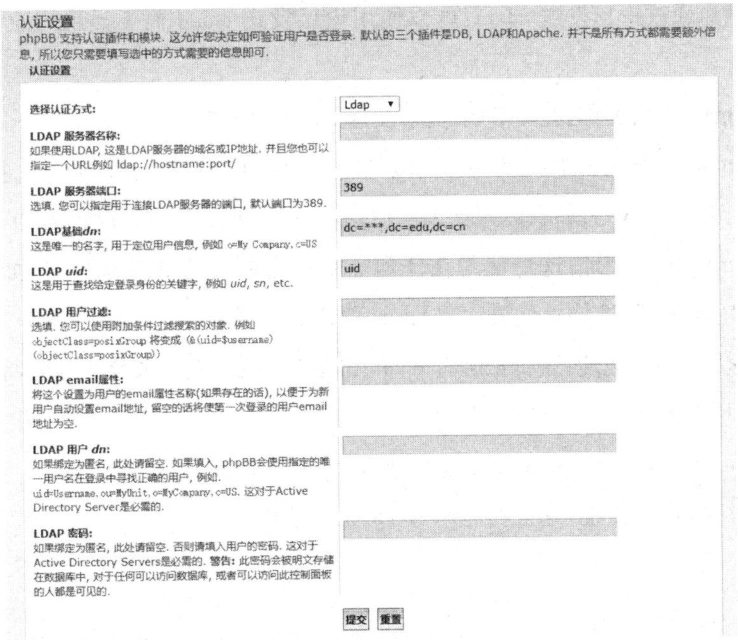

<<< 第三章 phpBB 软件的安装和升级

图 3-20　LDAP 认证方式

⑨LDAP 用户 dn：如果绑定为匿名，此处请留空。如果填入，phpBB 会使用指定的唯一用户名在登录中寻找正确的用户，例如 uid = Username，ou = MyUnit，o = MyCompany，c = US。这对于 Active Directory Server 是必需的。

⑩LDAP 用户密码：如果绑定为匿名，此处请留空，否则请填入用户的密码。这对于 Active Directory Servers 是必需的。注意此密码会被明文存储在数据库中，对于任何可以访问数据库以及此控制面板的人都是可见的。

(2) Email 设定

正确地设置电子邮件及系统消息，可以通过 phpBB 系统或者自己设置的 SMTP 服务器寄发邮件给会员们。如果不确定你的主机是否已经设置并支持 SMTP，或者对 SMTP 不熟悉，建议直接选择 phpBB 缺省的 PHP 寄发系统，如图 3-21 所示。

①允许讨论区发送 email：如果禁用，论坛将不会发送任何 email，注意会员激活需要启用此项功能。如果当前设定为会员自行激活和管理员激活，则停用此项功能将使会员无需激活。

②用户通过论坛发送 email：可以使用论坛发送 email 而不显示用户的 email 地址。

③Email 函数名称：在 PHP 中用于发送 email 的函数。

④Email 数据包大小：这是在一个数据包中包含的最大 email 数量。这项设置被用于内部信件队列，如果你遇到无法投递信件的错误，请将它设置为"0"。

⑤Email 联络地址：这将使用在任何需要指定联络方式的场合，例如垃圾讯息、错误输出等等，这将总是显示在 From 和 Reply-To。

⑥返回 email 地址：这将是所有 email 的返回地址，技术联络 email,将显示于 Return-Path 和 Sender。

⑦Email 签名：将在讨论区发送的 email 后附加这段文字。

⑧隐藏 email 位址：这个功能使 email 完全隐蔽。

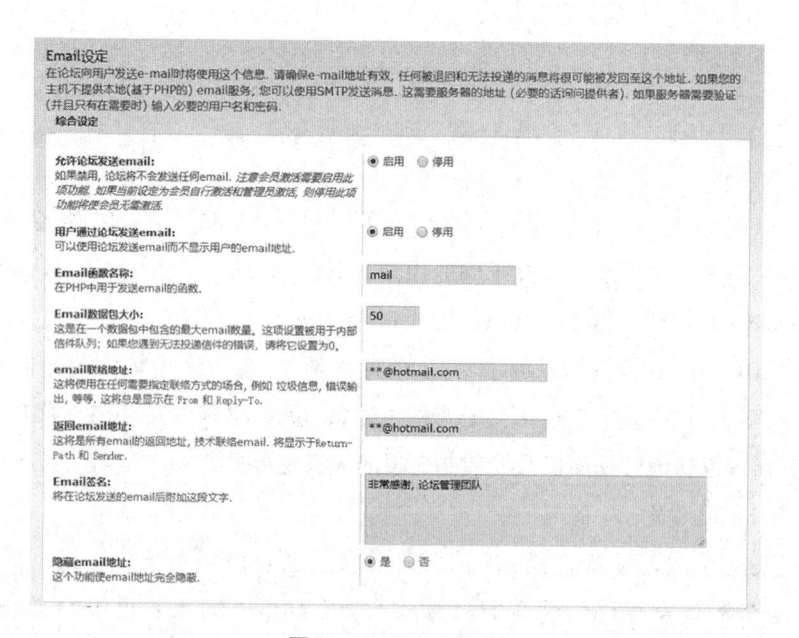

图 3-21 Email 设置

(3)SMTP 设设置

①使用 SMTP 服务器发送 email：如果是通过其他服务器而不是本地 mail 函数发送 email，选择"是"，如图 3-22 所示。

②SMTP 服务器地址:输入服务器地址。

③SMTP 服务器连接端口:只有当你清楚 SMTP 服务器运行在一个不同的连接端口上时才需要设置。

④SMTP 验证方式:只有在设置过会员名称/密码的场合,询问提供者如果不能确定使用何种方式。

⑤SMTP 用户名:只有当 SMTP 服务器需要时才要输入。

⑥SMTP 密码:只有当 SMTP 服务器需要时才要输入。

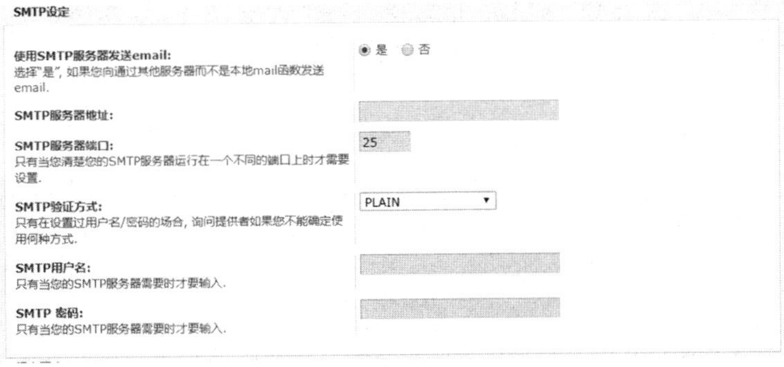

图 3-22 SMTP 设置

(4)Jabber 设置

除了 STMP 以外,phpBB 也允许 Jabber 使用在讨论区上与会员们取得联系。这里你可以启用并控制会员使用 Jabber 发送及时消息和讨论区通知。

Jabber 是任何人都可以使用的开源协议,一些 Jabber 服务器提供允许联络其他网络会员的信道,并非所有的服务器都提供这样的信道,协议上的变化将使得操作失效。请确认输入的是已经注册的账号信息,phpBB 将会使用这里输入的资料。

Jabber 设置:如果 GTalk 无法工作,那是因为无法找到 dns_get_record 函数。此函数在 PHP4 中无效,并且在 Windows 环境下、BSD 系统和 Mac 操作系统上都无法工作,如图 3-23 所示。

①启用 Jabber:允许使用 jabber 消息和通知。

②Jabber 服务器:检视 jabber.org 上的服务器列表。

131

③Jabber 连接端口：留空，除非清楚这个连接端口不是 5222。

④Jabber 会员名称：请指定一个已经注册的用户，它将不会被检测是否存在。如果你仅仅指定一个用户名，那么你的 JID 将是你指定的用户名和服务器名称，否则你需要指定一个有效的 JID，例如 user@jabber.org。

⑤Jabber 密码：此密码将以明文保存在数据库中，任何拥有数据库访问权限或可以访问此页的用户都可以看到此密码。

⑥使用 SSL 连接：如果启用安全连接，Jabber 连接端口将更改为"5223"，如果"5222"没有被指定。

⑦Jabber 数据包大小：这是单个数据包中发送的消息数量，设置为"0"将不做延迟而直接发送。

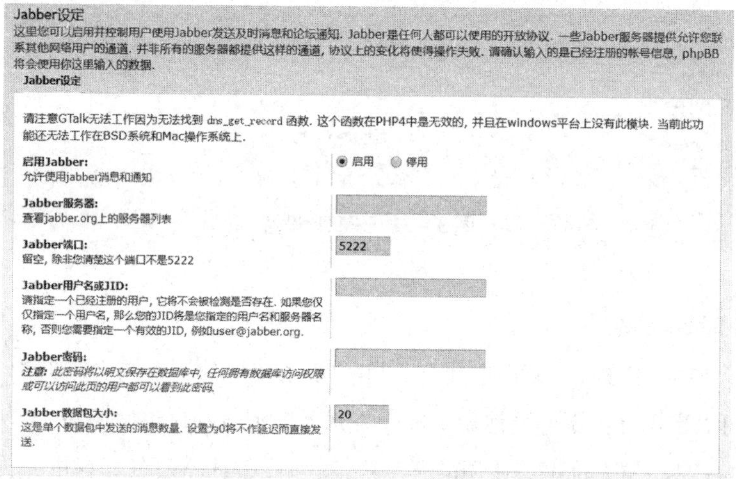

图 3-23　Jabber 设置

3. 服务器设置

作为一名论坛管理员，需要根据服务器的实际情况仔细地为论坛设置各个选项，这里有五个主要的选项设置：Cookie 设置、服务器设置、安全设置、负载设置和搜索设置。合理地对这些选项进行设置不仅能让论坛正常工作，而且高效。下面将对每个选项设置进行介绍，记住：当完成各项需要调整的选项后，请一定点击提交保存更改。

132

(1) Cookie 设置

phpBB 的任何程序作业都要用到 Cookies,它可以存取特殊的资料和记录,比如说只要设置 Cookies 妥当,就可以自动登录讨论区。在大多数情况下使用缺省设置就已足够。(phpBB 缺省的 Cookies 是在安装的过程自动产生)以下的 Cookies 都可被修改,但要记住不正确的设置将会使会员无法登入讨论区。

①Cookie 作用域:这里一般是缺省。如果要修改,请不要包含 phpBB 安装的目录名称以及结尾不要加上"/",例如"http://phpbb.com/",只要填" www.phpbb.com"即可。

②Cookie 名称:缺省的 Cookies 名称都是由系统在安装的过程中自动产生的。如需要修改,请务必改成一个非常独特的名称。在无特别情况下,不建议修改。

③Cookie 路径:缺省是"/",不建议修改。

④Cookie 安全:如果你的服务器使用 SSL 协议,则启用这个选项,否则请停用。如果没有使用 SSL 而启用这个选项,将会发生讨论区转向错误。

当完成设置,请按"提交"按钮,让新的设置生效。

(2) 服务器设置

服务器的设置由三个类别组成:服务器设置、路径设置和服务器 URL 设置。

在这里主要进行服务器和域名相关的设置,我们要确认输入的资料是正确可靠的,错误信息将导致 email 包含错误信息。当输入域名时记住不包含"http://"和其他协议头。只有当服务器使用一个特别的连接端口时才需要更改连接端口号,一般都是使用"80"端口。

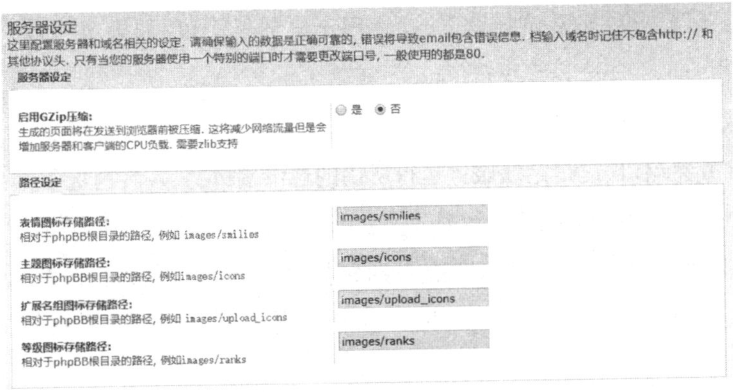

图 3-24　服务器设置

启用 GZip 压缩:服务器设置表单从服务器的层面设置 phpBB 的运行环境。现在可用的选项只有 GZip 压缩,启用这个功能将会使页面在送往浏览器前被 GZip 压缩。虽然这样可以减少网络的流量以及带宽占用,但是会增加浏览者和服务器的处理器负载。

路径设置表单里可以设置 phpBB 的环境路径。默认的安装下,安装程序自动检测得到的路径一般不需要修改,如图 3-24 所示。下面的四个路径是可以设置的:

①表情图标存储路径:这是相对路径,相对于论坛的安装目录,例如 images/smilies,用来存放表情图标。

②主题图标存储路径:这是相对路径,例如 images/icons,用于存储发文时所用的小图标。

③扩展名图标存储路径:这是相对路径,例如 images/upload_icons,用于保存标识附件类型的图标。

④等级图标存储路径:这是相对路径,例如 images/ranks,用于存放不同等级图标。

服务器设置的最后一组是 URL 设置,我们可以设置论坛的实际路径和用于访问论坛的协议、通讯端口,如图 3-25 所示。以下五项内容可以设置:

①强制服务器 URL:若默认检测到的服务器 URL 不正确的话,可以在这里指定正确的 URL,同时选定"是"选项。

②服务器协议:如果强制设定,这将用于服务器协议,如果留空或未强制设定,协议由 cookie 安全设定决定(http://或者 https://)。

③域名:论坛所在域名。

④服务器端口:这是论坛服务运行所用的通讯端口,大多数情况下都是"80",只有当服务器使用其他端口运行时才需要修改。

⑤脚本路径:这是 phpBB 安装的相对路径,相对于域名的根目录。例如,如果论坛位于 www.example.com/phpBB3/,那么需要填在这里的路径就是"/phpBB3"。

当设置完所有选项后,需要点击"提交"来保存更改。

图3-25 服务器URL设置

(3)安全设置

这里可以管理安全相关的配置,设定编辑对话和登录相关的参数。编辑结束后请点击提交保存修改,如图3-26所示。

①关于自动登录:允许自动登录,启用这个功能之后,用户可以在访问论坛时自动登录。自动登录失效时间(天数)指的是自动登录的对话记录在数据库中保存的时间,超过时间就会使自动登录失效。可以填入保持自动登录的天数,如果输入"0"则允许用户永远自动登录。

②对话 IP 验证:这个设置决定程序使用用户 IP 信息的哪些部分来验证一个对话。可以有四种选择:"所有""A. B. C""A. B""无"。"所有"表示将比较全部 IP 地址。"A. B. C"表示只比较 IP 地址开头的 x. x. x 部分。"A. B"表示只比较开头的 x. x 部分。而选择"无"则表示不进行验证。

③经过验证的 X_FORWARDED_FOR 字段头:启用后,对话将验证头标 X_FORWARDED_FOR,只有与上次发送的信息相同时才允许用户继续访问。封禁功能也会检查此头标中的 IP 信息。

④验证转向来源:启用此功能后,POST 请求将根据主机名/脚本路径等设置进行验证。此功能会对使用多域名和外部登录的论坛造成影响。

⑤检查 IP 以防御 DNS 黑洞:我们可以通过验证用户 IP 地址来预防 DNS 黑名单,这些黑名单列出了一些不友好的 IP 地址。启用这个设置以后,用户的 IP 地址将会与黑名单进行对比,同时,将防御在注册和发帖时的 DNSBL 服务:spamcop. net 和 www. spamhaus. org。这个检查将耗费一些时间,如果让论坛变得很慢或产生很多错误报告,请禁用这个功能。

⑥检查 email 域名是否为有效的 MX 记录：通过此功能验证论坛的用户 email。如果启用，用户注册或修改资料时输入的 email 地址将被执行此项检查。

⑦密码复杂度：通常复杂的密码要可靠一些，比简单的密码要好。为了帮助用户尽可能地保证账号安全，需要使用这些选项强制用户使用更加复杂的密码。这个设置将只对此后新注册的用户或者已经注册但是修改密码的用户有效。

选择菜单中有四个选项："没有要求"表示禁用此项功能；"必须混合大小写"表示用户密码必须同时包含大写和小写字符；"必须包含字母和数字"表示用户密码必须同时包含有字母和数字；"必须包含符号"表示用户的密码中必须包含标点符号。

注意：对于每个复杂度选项，选择后会同时应用此选项上方的所有复杂度选项。例如，当选择必须包含字母与数字选项时，将同时要求你的用户使用大小写字符。

⑧强制密码变更：每隔一段时间更换密码能大大降低被破解的危险。使用这个设置，可以强制用户在设定的时间内更新他们的密码。只能输入正整数表示的天数。如果希望禁用这个选项，请输入"0"。

⑨登录的最大尝试次数：可以通过这个选项限制用户尝试登录的次数，设定一个数字会启用此项功能。这可以暂时阻止机器人或其他用户尝试破解用户密码，但是只能输入正整数，在超过这个次数后，用户必须进行可视化验证才能继续登录。

⑩在模板中允许 PHP 代码：phpBB 允许在模板中使用 PHP 代码，启用后 PHP 代码和 INCLUDEPHP 将会被模板类解析并执行。

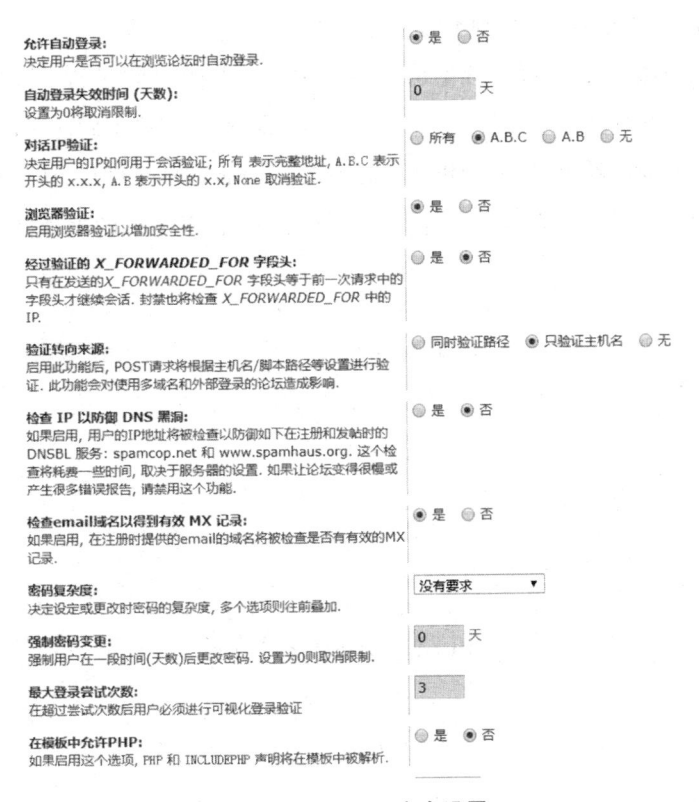

图 3-26 安全设置

(4) 负载设置

对于一些大的论坛,进行一些负载相关的设置能使论坛运行得更好。即使论坛访问量并不是特别的大,更改负载中的选项也可以帮助减轻服务器压力。

第一组设置是综合设置,如图 3-27 所示,下面详细描述每个设置:

① 系统负载限制:这个选项可以控制服务器最大允许的负载,超出后论坛会自动显示为停止使用。更确切地说是在系统的一分钟时间内平均负载超出这个值后,会让论坛自动显示为停止使用。值"1.0"表示100%的处理器使用率。注意此功能只在类 unix 的系统上使用,比如 Linux、FreeBSD 等。如果程序无法得到数值,此值会自动重设为"0"。输入的数值区间可以为"0"到"1.0"(包含)之间的任意实数。设置为"0"则禁用此功能。

② 会话时长:以秒计数的时间数值,超过这个时间用户的会话就会过期。可

以使用任何正整数,设置为"0"则不做任何控制。

③会话数目限制:此选择设置论坛最多允许的会话数目,超过这个数目论坛会自动显示为停止使用。可以设置为任何正整数,设置为"0"则不做任何限制。

④在线人数时间跨度:以分钟集数的时间数值,在此时间长度后,任何不活动的用户将不再显示于在线列表中。时间长度越长需要消耗越多的处理器时间来生成在线列表。

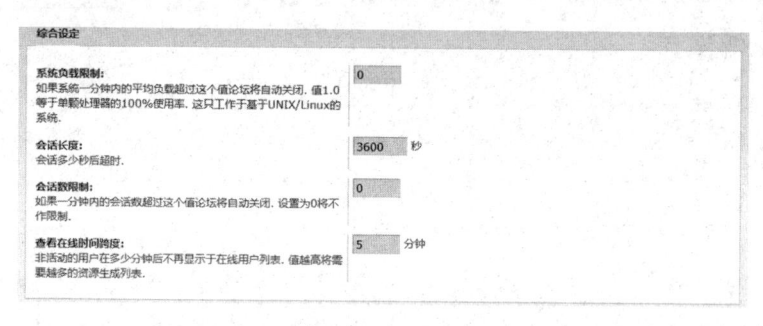

图3–27 综合设置

第二组设置综合选项,允许控制论坛中的用户可以使用哪些功能,如图3–28所示,以下是详细说明:

①显示带点主题:用户参与或发表的话题将会在主题图标中显示一个带点的标记,要启用此功能请选择"是"。

②允许服务器端标记:phpBB最新版提供的新功能之一就是服务器端阅读记录。这与phpBB2不同,后者只使用基于cookie的阅读记录。如果想要在数据库而不是cookie中存储阅读/未阅读状态,请选择"是"。

③允许游客标记主题:允许记录游客的阅读标记。如果需要此功能,请选择"是",如果选择"否",对于游客而言,所有帖子都会显示为已阅读。

④显示在线用户列表:将把在线用户列表显示在论坛首页、每个版面和每个主题页。需要启用此功能请选择"是"。

⑤查看在线用户时显示游客在线信息:如果要想在查看在线用户时,显示游客在线信息请选择"是"。

⑥显示用户在线/离线信息:启用此选项将在用户资料和查看帖子页面中显

示用户在线信息。

⑦显示论坛版主:虽然列出每个版面的版主是有必要的,但是禁用此功能可以帮助减轻一些服务器负担。

⑧显示跳转列表:论坛跳转对于快速前往想要的版面非常有用,但同时也会消耗资源,如果希望显示此下拉框,请选择"是"。

⑨显示用户活跃统计:此选项控制是否在用户资料中显示活跃于哪个话题和版面的信息。如果论坛过于庞大(例如超过百万的帖子),那么建议关闭这个选项。

⑩重新编译旧的风格组件:这个选项是控制模板的编译。如果启用,论坛将检测模板的文件系统是否有更新的记录,并重新编译更新过的模板。最后这组选项是关于用户的自定义资料栏目,这是 phpBB 的一项新功能。

图 3-28　综合设置

第三组设置,自定义用户资料:

①允许界面在会员列表中显示自定义资料:是否在用户列表中显示用户资料中的自定义栏目,启用此选项请选择"是"。

②在用户资料中显示自定义资料:启用此选项请选择"是"。

③在帖子查看中显示自定义用户资料:启用此选项请选择"是"。

(5)搜索设置

论坛会聚集很多信息,如何高效可靠地搜索这些信息是非常重要的,特别是当希望尽量减少论坛中重复信息的时候。在搜索设置面板中可以设置论坛如何建立索引和搜索,以及与之相关的参数。设置分为四部分:综合搜索设定、搜索后端、MySQL全文和内建全文。下面详细描述每个部分的设置,分别如图3-29和图3-30所示。

(6)综合搜索设定

①启用搜索功能:设置为"是"将启用搜索功能,同时也会启用用户搜索。

②用户搜索间隔:此值代表用户的连续两次搜索之间间隔的最少秒数。对每个用户的约束是相互独立的,可以输入任何正整数。如果不想作控制,请输入"0"。

③游客搜索间隔:此值代表游客的连续两次搜索之间间隔的最少描述。对每个游客的约束相互独立。如果不想作控制,请输入"0"。

④搜索页面系统负载限制:限制系统在搜索时造成的负载。如果系统负载超过设定的值,论坛将会暂时关闭。输入的值应该介于"0"和"1.0"之间。如果设成"1.0",表示100%的单处理器负载,如果系统负载超过这个值,论坛将会自动关闭。

⑤最小用户名长度:用户必须输入多于这个字数的字符串进行用户名查找。如果作者的用户名短于此数,用户仍然可以通过输入完整的名字查找此作者的文章。参数的值则必须为正整数。

⑥搜索关键词的数目上限:用于限制用户搜索关键词的个数。填写"0"则不做限制。

⑦搜索结果缓存时间:phpBB可以缓存搜索的结果。这些缓存将在超过此秒数之后失效。参数的值必须为正整数,当输入"0"时将禁用此缓存。

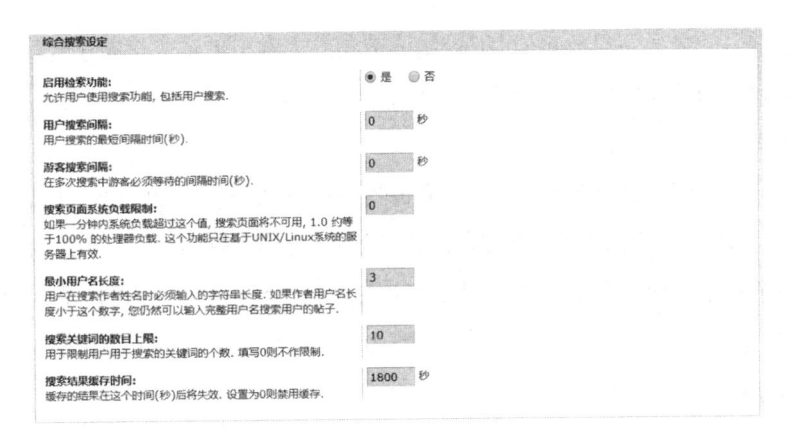

图 3-29 综合搜索设置

（7）搜索后端

此选项指定用于论坛搜索的核心程序。搜索引擎是论坛搜索功能的关键部分，用于处理搜索的分词、索引和检索的具体实现。phpBB 默认提供两种方式：MySQL 全文搜索和内建全文搜索。内建全文搜索是默认的搜索方式。如果打算更换论坛的搜索引擎，需要用新的搜索引擎重新建立论坛的索引库。如果确定不再使用旧的引擎生成的索引库，也可以删除它以便空出一些数据库空间。

下面的两组设置分别面向两个不同的搜索引擎。MySQL 全文搜索只是显示一些关于论坛和 MySQL 的参数信息，而内建搜索引擎的参数是可以调整的。

（8）MySQL 全文

①支持非拉丁 UTF-8 字符使用 PCRE：此选项表示系统支持非拉丁的 UTF-8 字符。

②支持非拉丁 UTF-8 字符使用 mbstring：如果系统不支持使用 PCRE 支持非拉丁 UTF-8 字符，MySQL 全文搜索引擎会尝试使用 mbstring 的正则表达式方式。

（9）内建全文

①启用全文更新：当文章发表时更新全文索引，如果禁用检索这个功能将停用。

②当文章发表时更新全文索引：可以控制被建立为索引的字符串的最小长度，值可以为任何正整数。

③索引的最大字符长度：可以控制能被建立为索引的最大字符串长度。如果此单词包含的字符串长度大于设定的值，那么它将不会被记录至索引库，值可以为任何正整数。

④词频阈值：可以阻止某些常用词被当成检索条目。在phpBB3中加强了这个特性，可以设定单词出现的阈值，如果某个单词的词频高于这个阈值，就会被当成是一个常用词而不会被加入索引库，在查询中也会忽略这个单词。此值为正整数，代表此词占所有单词的百分比。设置为"0"则禁用此功能。此功能只在论坛文章数超过100后生效。

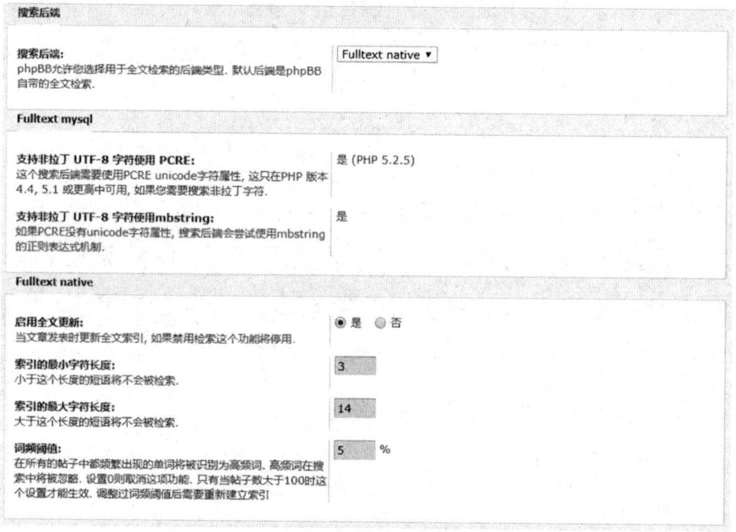

图3－30　搜索后端

3.2.2　phpBB 版面管理

1. 创建版面

版面是用于存储话题的一种分类形式。如果没有版面，用户就没地方发帖。如果要创建版面，首先确认已经以管理员身份登录，找到"管理员控制面板"（此链接位于页面底部），点击进去将看到管理面板首页。这里管理员可以管理论坛。我们可以看到在管理员控制面板上方有分页标签，用于指导进行各种操作。要创建版面，需要到版面控制分页，在这个分页里，可以管理论坛的版面以及子版面。

子版面是位于一级版面下的分版面,在右边找到"创建新版面"的按钮,在输入框中输入需要创建的版面名称,点击按钮创建这个版面,然后会看到一个标题为"创建新版面:版面名称"的页面。可以在这里更改新创建的版面的选项,也可以设置版面所使用的图标、是否是一个分类以及设置版规等,同时还需要输入一个简短的说明以让用户清楚这个版面的内容。

其实,默认的设置就可以让版面运作起来了,不过还是需要设置一下选项以满足我们的需求。其中有三个比较关键的地方需要注意一下:

①父版面设置:这里可以设置新版面归属于哪个已经存在的版面或分类。请留意版面的级别,这在设置子版面的时候很重要。

②复制权限:这个设置允许从现在的版面中复制权限到新的版面。这样可以避免进行繁琐的权限设置步骤。

③版面风格:这个设置允许为各个版面设置不同的风格。在完成新版面的设置后,到页面的底部点击提交按钮创建它。此时屏幕会显示创建成功的信息,如果需要设置版面权限,请点击上面的链接继续进行权限设置。如果已经设置了"复制权限"不想再去设置权限,点击返回的链接回到版面管理界面。

在创建新的版面后要设置权限,如果没有为版面设置合适的权限,那么自己以及他人都不能访问它。下面介绍一下版面类型以及子版面等信息。

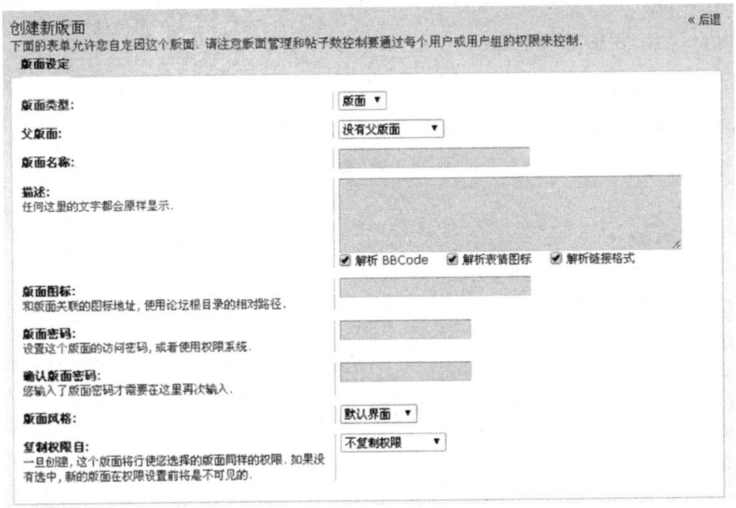

图3-31 创建新的版面

(1)版面类型

phpBB 的版面有三种类型:普通版面,用户可以在里面发帖讨论;分区,可以包含一个或多个版面;链接版面,可以是一个简单的链接,如图 3-31 所示。

①普通版面:会员可以在普通版面里发帖,参与讨论话题等。

②链接版面:这是将链接显示为一个普通版面,但是点击后会转向到所指定的链接地址,版面上可以显示合计点击次数。

③分区:如果希望将版面区分为不同的类型,可以将它们分配到不同的分区中,分类后的版面会显示在各个分区中。

(2)子版面

phpBB 最新版中的新特性之一就是子版面,这会方便一些使用大量版面的论坛。在 phpBB 先前的版本中,使用的只是简单的分区和平级版面,所有分区和版面都会显示在论坛首页。在 phpBB 最新版中,可以在任何版面下添加任意多的版面、链接和分区。

创建子版面时注意一下左上角的页面路径,这会告诉这个版面的从属情况。这个系统理论上允许无数层的子版面,可以随意设置子版面,但是我们不建议嵌套过多的子版面。一般来说,一个只有五到十个版面的论坛,并不需要使用子版面。并且,版面的数目越少,版面的活跃程度会越好,待论坛人气旺了,版面拥挤不够用的时候再分版面也不迟。

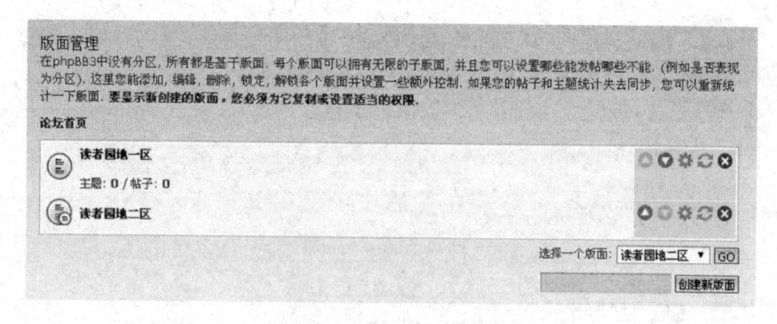

图 3-32 版面管理

(3)管理版面

这里可以对分区、版面和链接版面进行创建、编辑、删除或者重新排序的操作,如图3-32所示,每个图标代表一种操作。

和论坛首页不太一样,版面管理界面显示当前最上层分区和版面的列表,分区在这里是不会展开的,如果你希望调整某个分区里面版面的顺序,需要首先打开这个分区才能对下属的版面进行操作。

3.2.3 phpBB 发帖设置

BBCodes 是发帖的一种格式设定方式,类似于 HTML 语法。phpBB 允许创建自己的 BBCode,在这个界面可以看到系统已经添加的 BBCode。使用 BBCode 将会比开放 HTML 语法安全得多。添加 BBCode 需要设定4个选项:希望用户如何使用 BBCode、BBCode 会被替换成什么 HTML 代码、希望给用户显示的提示信息以及是否希望这个 BBCode 的按钮显示在发帖的界面上。完成这些设定后,就可以点击提交创建新 BBCode。

例子:创建一个允许用户指定文字字体的 BBCode--[font],如图3-33所示。

在 BBCode 用法框中,可以设定希望用户如何使用,比如我们希望创建一个允许用户选择自己文字字体的 BBCode:[font={FONTNAME}]{TEXT}[/font],这将产生一个新的[font]BBCode。TEXT 代表用户文字,FONTNAME 代表用户输入的字体名称。

在 HTML 替换代码框中,输入希望替换 BBCode 的 HTML 代码。这个例子中,输入{TEXT},当显示帖子时,这段代码将替换用户输入的[font]BBCode。

第三个设置是显示 BBCode 的提示信息,帮助用户正确地使用这个 BBCode,这个信息将在鼠标移过时显示在发表文章页的 BBCode 按钮下面。如果此 BBcode 按钮不显示在发表文章的界面,那么上面的提示信息也不会被显示了。最后,设置一下是否在发帖的页面上显示创建的 BBcode。

图 3-33 BBCode 设置

3.2.4 phpBB 风格设置

保持一个富有特色的风格不但能够让论坛有持久的吸引力,也能体现出论坛的主题。在风格管理界面上可以管理论坛所使用的风格。phpBB 风格系统主要由三部分组成:模板、风格主题和图片组。

1. 模板

模板是用于组成页面布局的一组 HTML 文件,包含用于生成页面布局的标记代码,可以编辑现有的模板组,删除/导入/导出/预览模板组,也可以更改用于生成 BBCode 的模板,如图 3-34 所示。

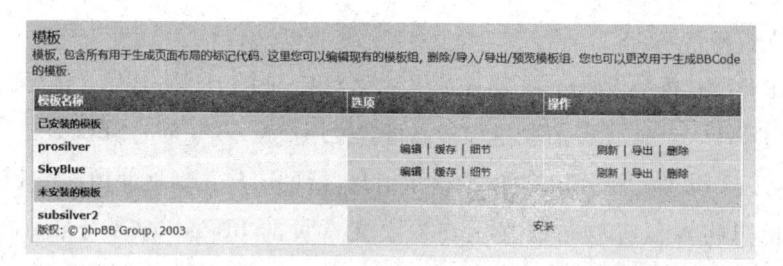

图 3-34 phpBB 风格模板

2. 风格主题

这里你可以创建、安装、编辑、删除和导出主题风格。主题风格是色彩和图片的组合,应用于模板上而产生基本的视觉感受。

146

3. 图片组

论坛的各个页面所经常使用的图片。图片组包含了所有按钮、版面、文件夹等无特定风格的图标。这里你可以编辑、导出或者删除图片组,也可以导入或激活新的图片组。

3.2.5 phpBB 权限设置

在创建版面后,就必须决定哪些用户可以访问这些版面,这就是权限系统所管理的内容了。譬如我们可以禁止游客发帖,也可以任免版主,几乎所有的用户交互权限在 phpBB 中都能够设置。

(1) 权限具有很高的粒度,合并为四个主要权限组

①全局权限:用于管理整个论坛的全局访问,并进一步区分为用户权限、用户组权限、管理员权限和超级版主权限。

②版面权限:针对每个版面的权限控制,进一步分为版面权限、版主版面权限、用户版面权限、用户组版面权限。

③权限角色:用于创建不同的权限组,以便于设定不同的角色权限,默认的角色可以或大或小地覆盖论坛的管理权限。

④权限掩码:用于查看设定给用户、版主、管理员的权限的效果。

(2) 权限类型

共有四种不同的权限类型:

①用户/用户组权限(全局) - 例如:禁止更改头像。

②管理员权限(全局) - 例如:允许管理论坛板块。

③版主权限(全局或局部) - 例如:允许锁定话题或封锁用户(后者只限于全局)。

④论坛版面权限(局部) - 例如:允许查看版面或发布新帖。

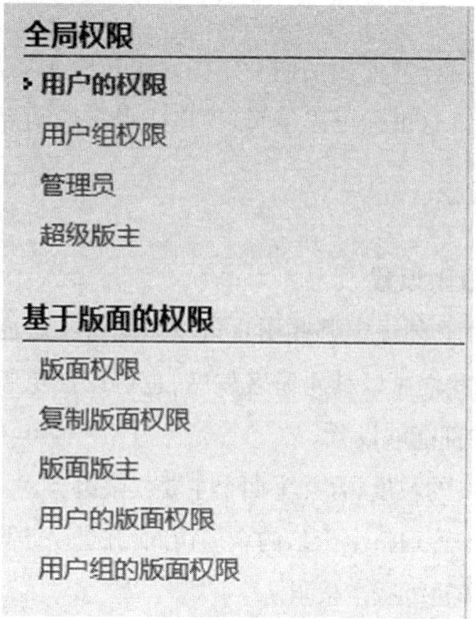

```
全局权限
▶ 用户的权限
用户组权限
管理员
超级版主

基于版面的权限
版面权限
复制版面权限
版面版主
用户的版面权限
用户组的版面权限
```

图3-35 权限类型

每一个权限类型包含不同的类型组合,可以设定为全局也可以设定为局部。一个全局类型的作用范围是整个论坛。举个例子,如果要禁止某个用户发送私人信息,必须在用户的全局权限上设置。

局部权限只对指定的版面有效,所以,如果禁止某些用户在某个版面发表文章,这不会影响到他们在其他版面上的权限,他们还是可以在其他版面上发表文章。可以任命全局或局部版主(全局版主管理所有版面依据同一个权限,而局部版主对不同的版面使用不同的权限)。你可以指定版主,或者是全局的或者是局部的。你可以授予某一个人为超级版主,他可以管理你给予他访问权限内的所有板块。也可以给他不同的管理权限,比如在某个板块他可以删除帖子,但可能他不能在其他板块这么做。超级版主在所有的论坛有相同的权限。

(3)设置版面权限

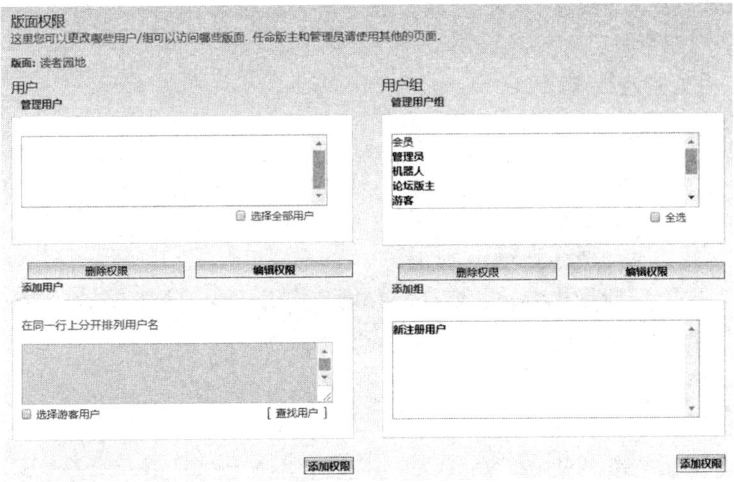

图 3-36 版面权限

要为新版面设置权限需要使用基于局部版面的权限设置,首先要决定用户该如何访问这个版面。如果要为单个用户组或单个用户设置权限,应该使用"用户组/用户版面"权限来设置,我们选择一个用户组或用户之后再选择需要设置权限的版面。首先,我们选择一个需要设置权限的版面,我们可以从页面上半部分的列表中手动选择版面,也可以从页面下部的下拉框中选择单个版面或者单个版面以及它的子版面,然后点击"提交"进入下一个界面。

版面权限界面显示了两列,一个是用户,一个是用户组。两列的上半部分列表分别为已经在至少一个已经选择的版面中拥有权限的用户和用户组。可以选择他们然后点击编辑权限按钮修改他们的权限,或使用删除权限按钮来将他们从列表中删除,这样他们将无法看到这些版面,也无法访问这些版面(除非他们从属的另一个用户组还拥有访问权限)。要为用户组添加权限,在添加用户组列表中选择一个或多个用户组(和用户的添加权限相似,但是如果要添加用户,必须在添加用户输入框中手工输入他们的用户名,或者使用查找用户来添加用户),点击添加权限会进入权限接口。每个选中的版面都会显示在列表中,然后就可以为用户和用户组设定权限。有两种途径指派权限,可以手动选择或者简单地使用预定义的权限角色,任何时候都可以交替使用这两种方式。但是由于权限角色只提供了权限系统提供的所有功能的一部分,想要成为一个优秀的论坛管理员,必须很好地把握权限的设置。

(4)手工修改权限

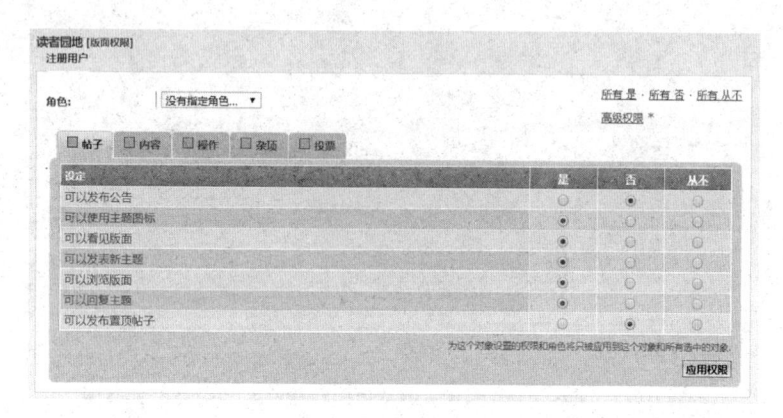

图3-37 管理权限

手工修改权限则需要谨慎一些,因为你需要清楚每个权限的作用范围。如图3-37所示,权限有三种不同的值:

①是:允许某个权限,除非被"从不"覆盖。

②否:禁用某个权限,除非被"是"覆盖。

③从不:将完全禁止某个用户的权限,不会被"是"覆盖。

这三个值比较重要,对于用户可能会因为处于不同的用户组而对同样的设置拥有不同的权限值。如果用户是默认"注册用户"组的成员,也是一个定义的"资深会员"组的成员,那么两个用户组对于同一个版面可能会有不同的权限。多种权限组合时,从"不"最高级,接下来是"是",最后才是"否"。

(5)权限角色类型

phpBB会预先设置一些默认的权限角色,这提供了丰富的权限设置方案。可以选择一个预设的角色而不用手工设定每一个权限选项,如图3-38所示。每个角色都有详细的描述,将鼠标指向它们的时候会显示出来。权限角色不仅仅是一个快速设置方式,它还是一个有经验的管理员用于管理大型论坛的工具。可以创建/编辑自定义的角色,当编辑一个角色时,所有被指派这个角色的用户和组都会因此而改变权限。

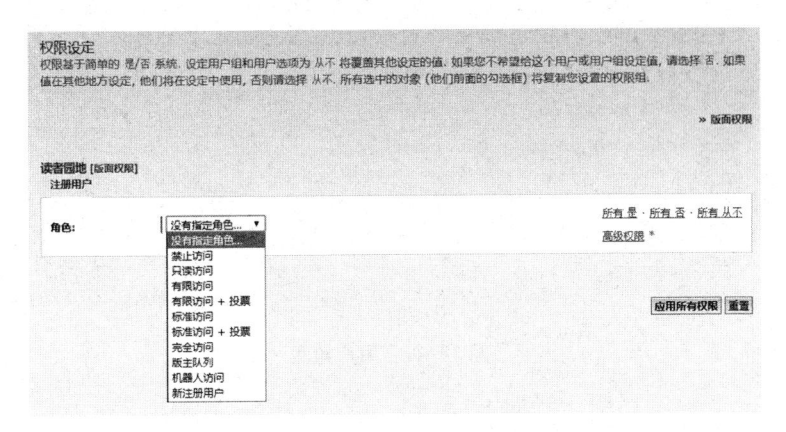

图3-38 权限角色下拉列表

使用这个下拉列表,就不必在高级权限的每个按钮中逐个操作了,鼠标移动到某个角色,就会有显示该角色的简介。选择之后,点击"应用所有权限"按钮就可以了。

对于版面权限的权限角色列表,如图3-39至图3-42所示。可以到权限角色的版面角色部分查看详细的介绍之后再修改。

①管理员角色:在这里可以管理"管理员权限"的角色。角色是一种有效的权限组合,如果你更改了角色,那么使用这个角色的对象的相应权限就会被更改。

图3-39 管理员角色

②用户角色:管理用户权限的角色。

图3-40　用户角色

③版主角色:管理版主权限的角色。

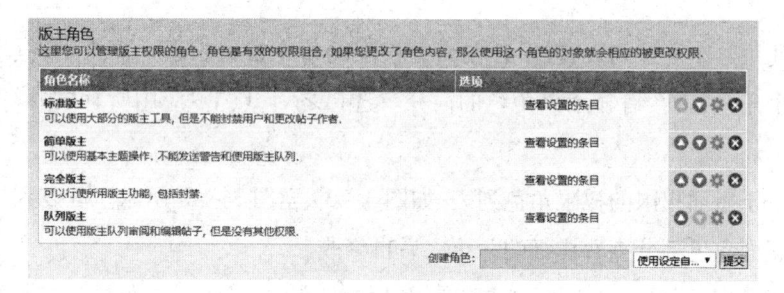

图3-41　版主角色

④版面角色:管理版面权限的角色。

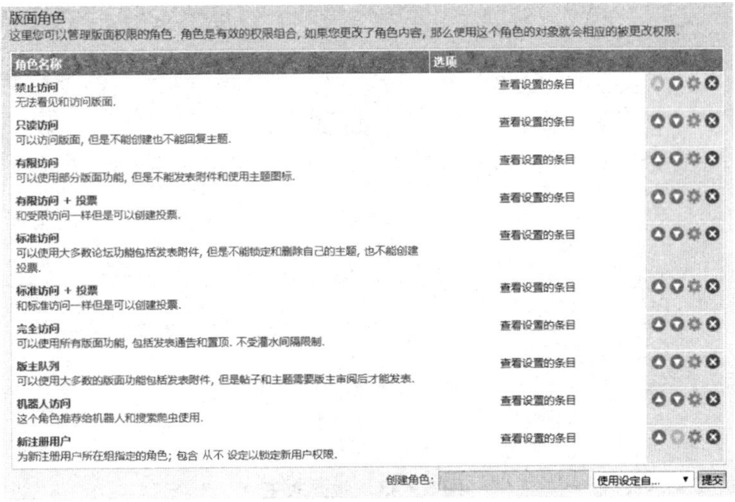

图 3-42　版面角色

(6) 为版面设定版主

一个简单的权限/角色例子就是版面版主，phpBB 让版面版主的设置变得更加简单。从字面可以看出，版面的版主是属于一个局部设置。首先，选择要设置版主的版面，如图 3-43 所示，选中"读者园地"版面并点击提交后，将进入一个前面章节出现过的界面(图 3-36 所示)，"选择用户组"，这里可以选择用户或用户组作为版主。选中后点击设置权限按钮，在下一个界面中可以选择使用何种版主权限。这里有一些预先设定的角色，如图 3-44 所示。

①标准版主：标准版主可以审批文章，编辑删除文章，删除或关闭举报，但是不能更改文章作者。同时，他还可以警告用户，查看帖子细节。

②简单版主：简单版主可以编辑文章，删除/关闭举报，查看文章细节。

③队列版主：队列版主只能编辑文章和审批版主队列中的文章。

④完全版主：完全版主则拥有所有版主的权限，包括封锁用户。

当完成后点击"应用所有权限"来保存设置，所有这里提到的权限可以通过右边的链接得到更细节的设置。

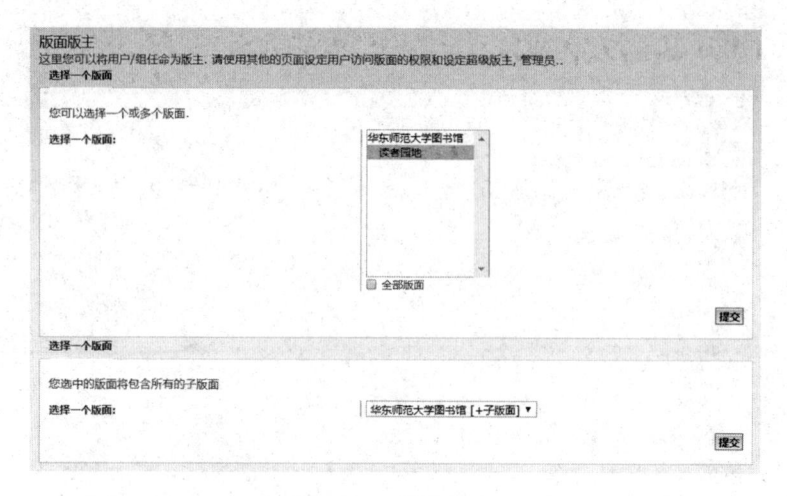

图 3–43 版面版主

图 3–44 版面版主权限

3.2.6 phpBB 系统维护

这一栏分版面日志和数据库两部分。

(1)版面日志

①管理日志:列出论坛管理员执行的操作,可以按用户名、日期、IP 地址或操作进行排序。

②版主日志:列出了论坛版主所执行的操作,在下拉框中选择一个版面,你可以按用户名、日期、IP 地址或操作进行排序。

③用户日志:列出了用户执行的操作以及作用于用户的操作。

④错误日志:列出了论坛自身的操作。这些日志为你解决特定问题提供有用信息,例如无法投递的 email 等。你可以按用户名、日期、IP 地址或操作进行排序。

(2)数据库

①备份:可以备份所有 phpBB 相关的数据。你可以将备份保存在"store/"文件夹或者直接下载。如果你的服务器支持,你可以将文件保存成 gzip 或者 text 格式。选好备份类型、文件类型、本地存储、下载以及表单的选择之后点击"提交"按钮即可完成备份,如图 3-45 所示。当然,我们也可以通过 MySQL 数据库直接备份。

图 3-45 数据库备份

②恢复:这将使用备份文件进行一次所有 phpBB 表单的完整恢复,这将覆盖所有现在的数据。备份存储在"store/"文件夹,由 phpBB 的备份功能生成。使用由其他系统生成的备份进行恢复操作可能会出现错误而导致失败。

③搜索引擎:这里你可以管理内容索引。因为一般只使用一个后台,你可以删除所有不用的索引。在改变搜索设置(例如最小/最大字符串长度)后,建议重新生成索引以体现修改。

3.2.7 phpBB 系统设置

系统包括检查更新、一般任务和模块管理三个部分。phpBB 软件会自动检测到最新的版本并且建议升级,你可以根据实际情况选择更新或者暂且不更新,若要更新,则一定提前做好数据库备份工作。

(1)一般任务

①爬虫/机器人:"机器人""蜘蛛"及"爬虫"一般是搜索引擎用于更新其数据

库的自动工具。因为这些小东西会贪婪地使用对话数量,导致奇怪的访客数量,增加论坛负载,甚至会导致论坛短时间内访问受阻。

②语言包:这里你可以安装/删除语言包,默认的语言包使用星号标记,如图3-46。

图3-46 语言包

③PHP信息:这个页面列出了这个服务器上所安装的PHP的信息。这包括装载的模块,可用的变量和默认设定,在诊断问题时这些信息可能会有用。

④管理/举报/封禁原因:这里你可以管理用于举报和否决帖子的原因。默认的原因(带*标记)不能删除,这个原因一般用于没有合适的选项而要指定自定义原因的场合,如图3-47所示。

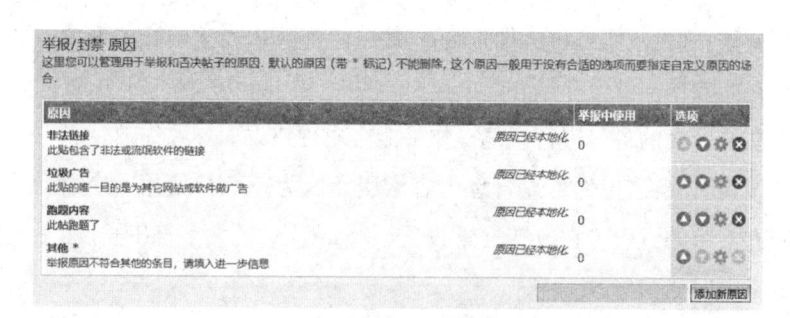

图3-47 举报/封禁原因

(2)模块管理

模块管理包含有三个控制面板:管理员控制面板、用户控制面板和版主控制面板,这里你可以管理各种模块,如图3-48至3-50所示。请注意管理员控制面板使用的是三层菜单结构(分类→分类→模块),而其他使用的是两层菜单结构(分类→模块)。如果你删除或禁用了涉及模块自身管理的模块,请注意你有可能会把自己给锁在模块外面。

图 3-48 管理员控制面板

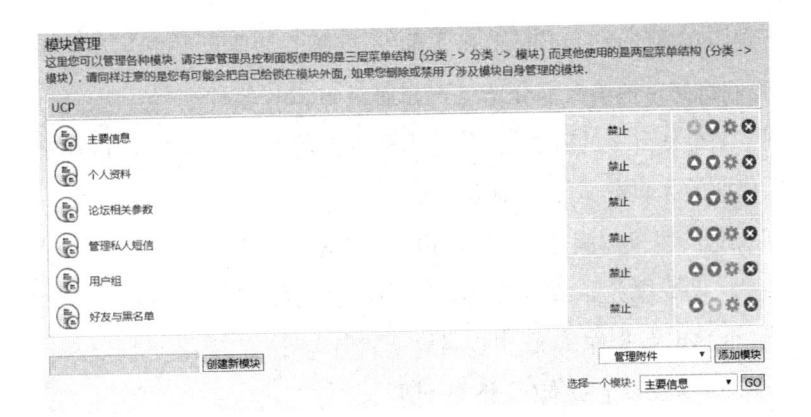

图 3-49 用户控制面板

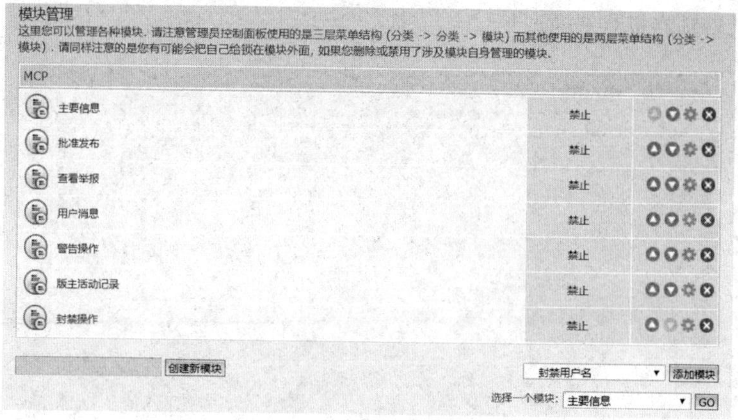

图3-50 版主控制面板

3.3 开源软件 phpBB3.0 的升级

由于我们介绍的是 phpBB3.0 版本的安装,现在版本已经更新到了 3.2.2,所以,下面我们将简单地给大家介绍一下如何对 phpBB 软件进行升级。phpBB 3.2 是官方网站的最新升级的版本,但是它不兼容以前的 3.0 版本,所以在升级之前需要移除以前的大多数文件,具体步骤如下:

1. 确保您的服务器满足运行 phpBB 3.2 的基本要求:

(1)一个 Web 服务器,或一个 Web 服务器空间账号,服务器必须支持 PHP;

(2)一个 SQL 数据库系统,可以是以下数据库之一:

MySQL 3.23 及以上版本(支持 MySQLi)

MariaDB 5.1 及以上版本

MS SQL Server 2000 及以上版本

Oracle

PostgreSQL 8.3 及以上版本

SQLite 3.6.15 及以上版本

(3)PHP5.4.0 或更高版本,同时必须支持使用的数据库,getimagesize()函数必须要打开,以下可选的 PHP 组件将提供更多的 phpBB 功能,但这些不是必需的：

zlib 压缩支持模块

远程 FTP 支持模块

XML 支持模块

Imagemagick 支持模块

2. 完整备份论坛的文件以及数据库；

3. 停用除了 prosilve 以外的模板；

4. 从数据库中删除与 mod 相关的所有更改；

5. 将语言包设置为英语；

6. 下载最新版本的 phpBB 3.2 安装包，具体链接：https://www.phpbb.com/downloads/；

7. 解压 phpBB3.2 压缩包，然后打开 phpBB3.2 的目录，删除以下四个文件：

config.php 文件

/images 子目录

/files 子目录

/store 子目录

8. 打开目前的 phpBB3.0 文件的目录，删除除了以下四个文件的所有文件夹：

config.php 文件

images 文件夹

files 文件夹

store 文件夹

9. 现在将 phpBB3.2 的文件包上传到你 phpBB3.0 论坛的安装目录下并覆盖之，在覆盖过程中可能会提示合并或改写目录，请选择合并选项；

10. 在你的浏览器中，输入 http://www.yoursite.com/yourforum/install，根据提示将第三步备份的数据库导入到新的 phpBB3.2 版本中；

11. 删除/install 目录。

这样就完成了 phpBB3.0 到 phpBB3.2 版本的升级，从上述步骤可以看出升级过程并不复杂，如果碰到问题，可以参考官方网站的手册。

到此为止,如果大家跟着我们的步骤一步一步搭建的话,相信你的论坛已经可以投入使用。华东师范大学图书馆使用开源软件 phpBB 搭建了读者园地,并实现了基于 LDAP 的校园网一卡通认证系统,凡在校师生均可以通过自己的校园卡号和密码登录之后发起主题或者回帖,浏览论坛则不需要登录。自从 2011 年 11 月投入使用至今,已累计发布 800 多个主题(均为非馆员发布的主题),2300 多个帖子,最高在线人数达 112 人。对于读者的发帖,我们的工作人员,无论是馆长、部门主任还是普通馆员都会积极认真地回帖。对于一些同学比较关心或者反映较多的问题,我们会一直跟进直到问题得到妥善的解决,做到认真倾听每一位读者的心声。对于每个主题帖,不但我们馆员可以予以解答回复,全校的师生都可以参与进来,形成一个良好的互助共进圈子,有利于提升图书馆在读者心目中的形象,打造具有本馆特色的虚拟咨询品牌。

第四章

其他优秀开源软件在图书馆门户网站中的应用

通过对前面两章开源软件 WordPress 和 phpBB 安装配置的学习,相信大家已经具备了在 Windows Server 操纵系统下进行下载安装开源软件以及后台配置这项技能,所以,本章在介绍 DokuWiki、Drupal 和 Lilina 这三个开源软件时,只对安装步骤以及一些使用技巧等做一些简单的说明。

4.1 使用开源软件 DokuWiki 搭建图书馆维基

4.1.1 DokuWiki 的下载和安装

DokuWiki 是一个开源 Wiki 引擎程序,运行于 PHP 环境下。DokuWiki 程序虽然小巧,但是功能强大、使用灵活,适合中小团队和个人网站知识库的管理。

1. DokuWiki 对安装环境的要求

为了运行 DokuWiki 我们需要具备以下条件:

(1) 支持 PHP 的 Web 服务器。

(2) 考虑到安全性问题,强烈建议使用 PHP 4.3.10 或更高版本,配置 PHP 的时候注意事项:

①激活 short open tags 选项不是必需的;

②推荐 PHP's GD 扩展与 libGD 2 (a graphics library) 一同使用;

③DokuWiki 应该工作在 PHP 的安全模式,可能要用到 safemodehack 选项;

④DokuWiki 设置运行 PHP 的选项,register_globals 设置成关闭。

2. DokuWiki 的安装

DokuWiki 的安装相对来说要简单一些，步骤如下：

（1）从官方网站下载页面下载最新版的 DokuWiki，链接：https://download.DokuWiki.org/。

（2）解压缩下载的压缩包，然后上传/复制到我们的网站空间中。

（3）通过浏览器访问我们的 DokuWiki 中的 install.php，并按照页面给出的提示进行。

4.1.2 DokuWiki 的使用技巧

1. DokuWiki 页面导航

页面是维基百科网站的核心。维基网站里面的所有链接都应该指向一个可编辑的页面，用户可以自由地进行创建、编辑、删除这个页面。

（1）基本页面

像 DokuWiki 里面展示基本特性的页面就叫基本页面。页面的第一个 header 作为页面的标题。DokuWiki 的基本特性包括链接和图像，但还有更多更高级的特性和扩展插件。

（2）章节

页面中标题定义一个章节，页面中两个标题之间是一个章节，一个页面中不同的章节会在页面的右侧生成一个目录，每个章节都可以单独地编辑。

（3）模板

每个页面里的布局不仅靠文字，还要靠模板。一般使用的是 DokuWiki 自带的默认模板。

（4）页面操作

在 DokuWiki 中，创建页面的方法与其他 Wiki 相似。创建一个链接指向不存在的页面，点击这个链接，再点击"创建该页面"即可。这是最一般也是推荐的做法，可以确保我们的页面都被正确地连接在一起，而不会出现孤立的页面。

（5）其他创建页面的方式

搜索我们将创建的页面的名字，然后在搜索结果页面点击"创建该页面"，新页面将以我们搜索的关键字命名。

(6)在某个目录下直接创建文件

直接编辑 url,访问一个不存在的文件,然后点击"创建该页面"。

2. 命名空间

当把一个页面(Page)比作文件时,一个命名空间(namespace)就相当于一个目录或者文件夹。在 DokuWiki 中,我们可以采用命名空间来将页面分类。命名空间的命名规则与页面命名规则相同。一个 DokuWiki 的初始安装包含了以下两个内建的命名空间: wiki 和 playground。

(1)命名空间

其实就是 DokuWiki 的 data/pages 下建立的目录,如果不使用命名空间,那么我们所有建立的页面都保存在 data/pages 下变得非常难以管理。

(2)根目录

指的是 DokuWiki 下 data/pages 的路径为根目录,所有页面中创建目录和文档都会保存到这里面。

下面举个例子,譬如我们想建立一个名为"example"的页面,参见表 4-1:

表 4-1

example	表示当前目录下建立了一个叫作"example"的页面
:example	表示根目录(这里的根目录表示 data/pages)下建立了一个叫作"example"的页面
wiki:example	表示在"wiki"目录下建立了一个叫作"example"的页面 (如果根目录下没有叫 wiki 的目录会自动再建立一个叫 wiki 的目录,不需要去服务器上添加)
test:wiki:example	表示在"test/wiki"目录下建立了一个叫作"example"的页面 (如果根目录下没有叫 test 的目录或 test 目录下没有 wiki 目录会自动再建立这两层的目录 test/wiki,不需要去服务器上添加)
wiki:example	表示当前目录下的 wiki 目录里建立了一个叫 example 的页面 (假如我们现在在根目录的 test 目录下,那就会在 test 目录下建立一个 wiki 目录,再在 wiki 目录里建立一个 example 页面)

(3)创建命名空间

我们不需要独立地创建命名空间,只需简单地在页面名中使用冒号就可以创建。在最后一个冒号之后的语言符号(token)就是页面本身的名字,其他的语言符号都是命名空间。DokuWiki 会自动创建页面用到的、不存在的所有命名空间,如表 4-2。

表 4-2

example	表示当前命名空间的"example"页面
:example	表示根部命名空间的"example"页面
wiki:example	表示命名空间"wiki"中的页面"example",命名空间"wiki"位于根部命名空间之下
ns1:ns2:example	表示命名空间 ns2 中的"example"页面,命名空间 ns2 位于命名空间 ns1 下面;命名空间 ns1 位于根部命名空间下
:ns1:ns2:example	同上
.ns1:ns2:example	表示命名空间 ns2 下的"example"页面,命名空间 ns2 位于命名空间 ns1 下面;命名空间 ns1 位于当前命名空间下
.ns1:ns2:	表示命名空间 ns2 的"开始"页面,命名空间 ns2 位于命名空间 ns1 下面;命名空间 ns1 位于当前命名空间下

注意:[..namespace:] 表示上级命名空间。

(4)删除命名空间

命名空间内的所有页面都被移除之时,该命名空间逻辑上不再存在。DokuWiki 通常也会删除这个刚清空的文件夹。

(5)重命名空间

我们可以使用 PageMove 插件将每个页面从旧的命名空间移动到新的命名空间。

(6)命名空间默认链接

对于以冒号结尾的链接 ID(linked)[[foo:bar:]],可能指向命名空间下的默认文件。链接指向哪个页面,取决于所存在的特定名字的文件。对于[[foo:bar:]],会检测以下页面:

  foo:bar:$conf['start']

  foo:bar:bar

  foo:bar

系统按照上面的顺序检测页面,并会链接到最先找到的页面。对于这些链接,不会在链接中检查多种格式(autoplural linking)。

3. 格式化语法

DokuWiki 支持一些简单的标记语言,以尽可能使文档的可读性更高。本页包含了我们在编辑页面时可能用到所有语法的说明。如果需要查看本页源码,只需要点击页面顶部或者底部的编辑本页按钮。如果我们想做一些尝试,那么可以使用测试页来尽情挥洒。通过快捷按钮,我们可以更方便地使用这些标记。

(1)基本文字格式

既然具有文本编辑功能,那么我们肯定希望如 Word 一样可以具备灵活多样的文字格式,其实 DokuWiki 也能实现,下面我们用一段话来举个例子:

"DokuWiki 支持**粗体**、*斜体*、下划线以及等宽体等格式。当然,我们可以*混合使用*这些格式。或者我们也可以使用下标和上标,同时也可以使用删除线标记某些信息。"

对于有格式的文字,具体实现方法:

DokuWiki 支持 **粗体**,//斜体//,__下划线__以及"等宽体"等格式。当然,我们可以 **__//"混合使用"//__** 这些格式。或者我们也可以使用_{下标}和^{上标}。同时也可以使用<del>删除线</del>标记某些信息。

(2)段落

段落是由空行所建立的。如果我们想强制换行而不建立段落,可以使用两个连续的反斜杠接空格或回车作为标记。请看样例:

这是一些有着换行标记的文字。\\请注意

双反斜杠只在回车符之前\\

或者接在\\一个空格之前的时候才有效。\\而这样就并不起作用。

4. 链接

DokuWiki支持以多种形式创建链接。

(1) 外部链接

外部链接会被自动地识别：http：//www.google.com，或者简单地写作www.google.com——我们也可以设置链接文本：此链接指向google。类似这样的电子邮件地址：andi@splitbrain.org也可以被识别。

DokuWiki支持以多种形式创建链接。外部链接会被自动地识别：http：//www.google.com，或者简单地写作www.google.com——我们也可以设置链接文本：[[http://www.google.com|此链接指向google]]。

类似这样的电子邮件地址：<andi@splitbrain.org>也可以被识别。

(2) 内部链接

内部链接可以用方括号创建，我们可以只给出页面名，或附加链接文本。

内部链接可以用方括号创建，我们可以只给出[[页面名]]，或附加[[页面名|链接文本]]。

Wiki的页面名会被自动地转换为小写字母，并且不允许使用特殊字符。我们可以通过在页面名中添加冒号的方式来使用命名空间。

我们可以通过在页面名中添加冒号的方式来使用[[某目录:命名空间]]。

链接到一个特定章节也是可能的。只需要在#号后面加上章节的名称。这是一个指向本节的链接。

这是一个指向[[syntax#内部链接|本节]]的链接。

注意：

指向已存在页面的和不存在页面的链接，其外观是不同的。默认情况下，DokuWiki不使用CamelCase来自动建立链接，但这一设定可以在配置文件中激活。提示：如果DokuWiki显示为链接，则说明已激活。当一节的标题改变时，它的书签也会改变。因此，请不要过于依赖章节链接。

(3) 图像链接

我们也可以通过结合链接和图像的语法，用图像来链接到一个内部或者外部的页面。如下所示：

[[http://www.php.net|{{wiki:DokuWiki-001.png}}]]

5. 分节

我们可以使用多达5层的标题来组织内容。如果我们使用了三个以上的标题，将自动生成目录。譬如使用三级标题：

H3 标题

H4 标题

H5 标题

====H3 标题====

===H4 标题===

==H5 标题==

我们可以通过4个以上连续的"-"号来创建一条水平分割线

6. 列表

DokuWiki 支持带编号或不带编号的列表。要创建列表，在文字前加入两个空格，然后使用"*"标记不带编号的列表，用"-"标记带编号的列表。

这是一个列表

第二项

我们可以有不同的层次

另一项

1. 带编号的列表

2. 另一项

a. 用缩进表示更深的层

3. 就这样

* 这是一个列表

* 第二项

* 我们可以有不同的层次

* 另一项

- 带编号的列表
- 另一项
  - 用缩进表示更深的层
  - 就这样

7. 表格

DokuWiki 支持用简单的语法创建表格。例如表 4-3：

表 4-3 创建表格

标题1	标题2	标题3
标题4	(1,2)	(1,3)
标题5	(2,2)	(2,3)
标题6	(3,2)	(3,3)

在 DokuWiki 里的编辑如下：

标题1	^	标题2	^	标题3	^
^标题4		(1,2)		(1,3)	
^标题5		(2,2)		(2,3)	
^标题6		(3,2)		(2,3)	

8. 搜索

DokuWiki 可通过顶行的搜索框来完成搜索(在使用默认的模板时)。我们可以在关键词前添加"+"来表示在我们的搜索中包括一个词,添加"-"来排除一个词,系统默认为"+";可以通过双引号来搜索精确的短语;可以通过添加" * "进行部分搜索,例如搜索"wiki"则仅仅找到"wiki",搜索" * wiki"则能找到"DokuWiki";同时也可以限制在命名空间中搜索,例如"wiki"@wiki:docs@work:docs 将在命名空间 wiki:docs 和 work:docs 中搜索"wiki"。关于快速搜索,我们可以在搜索框中输入页面名的开始部分,在绝大多数浏览器中我们将会自动得到匹配的页面名的弹出框。

目前 DokuWiki 使用索引进行搜索。为了能找到任何想找的内容,需要将当前数据填入到索引中。当用户浏览页面时,页面的内容被添加或者更新到索引中。每个页面都包括一张不可见的图像,它在需要时引起索引更新进程。索引包括三个文件,即 index. idx, page. idx 和 word. idx,位于 cacha 文件夹中。索引器使用语言特有的停止词文件,该文件包括一系列很常见的从来不被索引的词语(例如,英语的"the")。搜索这种词语将不会返回任何匹配结果。

如果从我们的旧版更新我们的 wiki,索引建立之前,我们的搜索不会返回结果。我们可以等待,直到索引完成,可通过浏览或者使用 commandline script 来更新索引。

9. 最近修改

这是一个特别的 wiki 页面,该页面显示 wiki 中最近被修改的页面。对于每个被修改的页面,"最近修改"页面显示出:"修改时间""谁修改"和"编辑摘要"。"最近修改"页面同时提供每个页面的页面比较和旧版页面的链接(仅仅列出每个页面的最新的修改,不管该页面被修改了多少次)。

在默认的模板中,我们可通过点击靠近搜索域的标记为"最近修改"的按钮来访问该页面,也可以通过组合快捷键"ALT + R"来访问。

4.1.3　实践经验总结

华东师范大学图书馆已利用维基进行了尝试,目前将维基技术运用在建立业务协作和交流,这就实现了在跨校区、跨部门的信息交流中,低成本分享专业工作经验,实现图书馆工作者彼此之间的知识协作。目前,已经取得了非常好的效果。

总之,维基绝不仅仅是一个技术平台,更是一种理念,维基自组织和非线性的知识链接机制,充分调动图书馆组织中每个维基用户的协作力量,促进并加强维基组织内部的信息交流,加速隐性知识向显性知识的转化,从而实现显性知识的共享,对构建图书馆的知识协作创新服务管理平台非常有效。

4.2 使用开源软件 Drupal 搭建图书馆馆员园地

4.2.1 Drupal 简介

Drupal 是一个免费的、开源的、具有模块化框架的面向 Web 的内容管理系统(CMS),Drupal 源于 2000 年比利时 Antwerp 大学一个名为 Dries Buytaert 的学生发起的个人项目。经过多年发展和更新,在 2011 年此项目的软件被首次以"Drupal"的名字发布。Drupal 具有强大并可自由配置的功能,能支持从个人博客(Personal Weblog)到大型社区驱动(Community – Driven)的网站等各种不同应用的网站项目。在 Drupal 技术社区有海量的贡献代码,Drupal 已经发展成为一个强大、稳定、安全的开源系统,很多大型机构都基于 Drupal 的框架建站,包括 The Onion、Ain't It Cool News、Spread Firefox、Our media、Kernel Trap、News Busters 等等,特别常见于社区主导的网站。很多人用它建立了文件共享系统、文档管理网站、网络出版网站甚至是微博网站,著名案例包括:美国白宫、纽约报、联邦快递、索尼、美国哈佛大学等。

模块是 Drupal 系统中的关键部分,它负责提供可被访问者看到的大部分功能,同时为系统中的各种功能提供支持应用程序。Drupal 分为核心模块(默认是启用的)、基本模块(系统自带的,默认是关闭的)和扩展模块(网站上免费下载)。Drupal 有以下几个优势:(1)强大的个性化环境,即每个用户可以对网站的内容和表现形式进行个性化设置;(2)基于角色的权限系统,只需要对角色进行授权,避免了对每个用户进行授权的复杂操作;(3)扩展能力强大,有丰富的第三方扩展支持;(4)它的 Caching 机制大大减少了数据库的查询次数,从而提高站点性能,降低服务器负荷;(5)提供内建的新闻聚合、完善的站点管理和分析工具。

下面我们将简单介绍一下 Drupal 的下载安装和后台配置。

4.2.2 Drupal 的下载和安装

1. 安装前准备工作

（1）下载 Drupal7：官方网站下载地址：https://www.drupal.org/download，点击我们想下载的 Drupal 版本内的"tar.gz"或"zip"文件的链接。

（2）解压 Drupal7：将下载下来 Drupal 程序包进行解压缩，得到名为 Drupal－版本号的文件，修改文件名为我们期望使用的名称，譬如"myDrupal"。

（3）下载语言包文件：到 http://localize.drupal.org/translate/languages/zh-hans 页面下载对应版本的语言包（.po 文件）。

（4）安装语言包文件：将.po 文件放置到 drupal7/profiles/standard/translations 目录下。

（5）上传到服务器：将 Drupal7 目录下的所有内容放置/上传到网站根目录。

（6）创建数据库：在运行脚本之前，我们必须首先创建一个新的数据库和数据库用户，也就是一个拥有 Drupal 数据库操作权限的用户名。我们可以通过基于浏览器应用的 phpMyAdmin 来创建，或者直接通过 MySQL 数据库命令行创建数据库。

（7）创建配置文件 Settings.php：在运行安装脚本之前，我们需要先新建 settings.php 文件，并设置一些权限。在下载的 Drupal 文件中含有一个样本配置文件，即 sites/default/default.settings.php，复制这个默认的文件并重命名为 settings.php。

如果在安装过程中出现有关"Settings file"的错误，我们可以手工复制 default.settings.php 并重命名为 settings.php。此时，在 sites/default 目录里，我们拥有了 default.settings.php 和 settings.php 两个文件。设置该 settings 文件可写，确保安装时可对其进行编辑，但是一定要注意，在运行安装脚本之后，千万别忘记将文件许可修改回只读。

2. 安装

在浏览器里输入站点的 URL 来运行 Drupal 安装脚本。"base URL"指的是我们放置 Drupal 文件所在的根目录（第一章已经在 Apache 服务器配置一节详细讲解过）。在本机上安装了 Drupal，那么该 URL 地址应该是 http://localhost/drupal。

如果安装过程中输入我们站点的 URL 不能进入,那么在其后增加"install. php"(例如 http://www. example. com/install. php)。下面将简单讲解一下几个引导界面:

(1)选择安装哪种配置文件(standard 或 minimal)

大多数人会选择"standard"选项。标准的选项包含对存在的默认内容类型的支持,比如文章或页面,而且已设置好适合打印的选项。(当然,我们之后可以编辑默认的内容类型及其设置,或增加其他内容类型)标准的配置安装同样包含对我们可用的模块集。

"minimal"选项的目标人群是具有较多 Drupal 建站经验的开发者,他们往往倾向于根据自己的需要创建内容类型。精简版的配置文件只包含三个模块:Block、Database logging 以及 Update status。

(2)选择一种语言

如果我们更倾向于用除英语之外的语言安装,单击如何通过其他语言安装 Drupal 的链接。

(3)验证要求

如果我们的安装目录尚未配置正确,将在这一步提示我们。我们可以逐个地修改设置并刷新浏览器界面或者单击"重试"按钮,看看是否还有其他未修改的错误。

可能的错误包括:

①忘记目录及/或权限错误

安装程序会尝试着自动创建一些目录,但这将会因为权限设置而创建失败。此时,我们将看到遗漏的目录列表。

sites/default/files

sites/default/private

sites/default/private/files

这些目录将被赋予以下权限 chmod o + w sites/default/files OR chmod 777 sites/default/files

②丢失了 settings. php 或错误的权限

如果 settings. php 丢失或不可用,按照安装前准备中的 settings. php file 的介绍进行。注意:我们需要 default. settings. php 和 settings. php 这两个文件。

(4)设置数据库

像输入数据库用户名及密码一样,将我们已经创建数据库名输入。这里的用户名及密码允许 Drupal 访问我们的数据库,以便安装脚本可以创建数据库表。注意:这里的用户名和密码不是我们 Drupal 管理员的用户名及密码;后者将在下一步创建。

高级选项允许我们更改数据库主机。同样,我们可以更改端口及表前缀。如果我们用的不是标准的端口号,那么我们将只需更改端口号。如果我们在一个数据库里有多个实例的表,那么表前缀将会非常有用。单击页面底部的保存并继续按钮。

(5)安装配置文件

安装程序会显示出安装过程的进度条。如果没有错误,那么浏览器会自动进入下一页。

(6)配置站点

输入首位用户的相关信息(首位用户将自动拥有所有管理权限)以及基本的站点设置。在站点名里输入我们期望的名称。当然我们之后也可以在管理界面进行修改。在站点的 E-mail 地址里,输入一个 E-mail 地址,这个地址是 Drupal 用来发送一些通知信息的,比如注册信息。在站点维护账号区域,输入超级管理员账号的用户名、E-mail 地址以及密码。

在这里我们要注意一下,关于 Drupal7,这里需要区分一下,我们在该页面上创建的主要管理账号与我们在"角色"及"权限"页面内看到的"管理员"用户角色是不同的。我们在安装过程中设置的站点维护账号是超级用户,该用户拥有该站点的所有配置及管理权限。如果我们期望 Drupal 服务器在有更新需求时能提醒我们,那么请选中更新通知区域的两个复选框。这常常会是一些相对重要的安全更新。单击"Save and continue"。如果成功,我们将会看到 Drupal 安装完成界面。如果有错误消息,请根据错误提示改正错误。

(7)更改站点安全设置

在安装完成后,我们将会把 settings. php 文件属性修改回最初状态,以便对其进行保护,如果我们之后对 settings. php 文件手工修改了,那需要确保修改后重新保护该文件。

(8)设置cron

在Drupal站点搭建的过程中,配置cron是极其重要的一项任务。搜索模块对网站内容的索引、收集模块的运行资料、检查模块的更新情况以及执行系统模块的日常维护任务,比如简化运行日志等,都要依靠于我们对cron的正确配置。在Drupal7中可以通过管理 -> 报告 -> 状态报告页面查看,将页面往下拖动至"Cron维护任务"并点击"手动运行Cron"即可。

4.2.3 Drupal 设置

现在已经安装好了Drupal,下面我们就可以根据自己的需求,通过添加module(模块)和主题来个性化我们的站点。管理module和主题的基本方法是差不多的。如果浏览sites/all文件夹,会看到一个README.txt文件。

1. 安装module(Drupal 7)

当我们的站点要选定使用某个module时,必须选择对应的版本,也就是要与我们的Drupal版本相兼容。注意"Development releases"是指这个版本正处于开发阶段,这些版本可能是为Drupal的旧版本/当前版本/下一个版本而开发的,我们认为它是不稳定的,如果要使用需要特别小心。"Recommended releases"则是稳定的,可以放心使用的。

上传module文件到Drupal7站点有以下两种方式:一是通过Drupal用户界面,二是在服务器手工操作。第一个选项有很多服务器类型不支持,不过在支持的服务器上,貌似是用户更好的选择。第二个选择则是适合任何环境的。

通过Drupal用户界面上传方法如下:在浏览器里打开module安装页面。从菜单查看Modules > List(选项卡),或者访问这个链接:http://example.com/admin/modules,然后点击"Install new module"(我们需要安装了"Update manager" module才能看到这个链接)。

跟着提示一步一步来,提示信息会让我们输入module的下载地址URL,或者从本地上传包含module的.tar.gz或.zip压缩文件。点击"Install",更新管理模块将会把module文件放到我们的站点的sites/all/modules文件夹里。接下来的一个页面上将有两个链接。点击"Enable newly added modules"就能跳到"Enable and configure"页面。

2. 安装主题

(1) 下载主题

我们可以从 http://drupal.org/project/themes 以及其他网站找到主题,确保我们所下载的主题版本和我们的 Drupal 版本匹配。注意那些标注了"DEV"的主题还在开发阶段。它们可能是为以前、现在甚至是将来版本的 Drupal 所写的,而且一般来说是不稳定的,需要小心维护。

(2) 解压文件

当我们下载完主题,它会是一个压缩文件的格式,例如:"tar.gz"。在 Windows 下,使用解压软件来解压它。

(3) 上传文件夹

使用 FTP、复制等方法把我们的文件上传到 Drupal 安装位置下所需的主题文件夹中。因为在 Drupal 根目录下的 themes 文件夹是用来放核心主题的,我们应该创建一个 sites/all/themes 目录,用来存放贡献的(非核心)主题,然后将文件上传到这里。

(4) 阅读说明

如果主题含有一个安装文件(一般叫作 INSTALL.txt 或者 README.txt),阅读它来获取具体的安装指导。有一些主题需要特殊的处理才能正常运行。

(5) 启用主题

进入 administer -> site building -> themes。选中主题旁边的"Enable"。

(6) 可选:将主题设为当前默认主题

选中"default"选项,将主题设为站点的当前主题。

(7) 点击底部的"Save Configuration"按钮

如果我们遇到了问题,先去查找这个主题的问题队列、搜索论坛。如果我们的问题还没有被定位,投递这个问题,总有人会来帮我们解决掉它的。

3. 移动 module 和主题

如果我们把所有的贡献 module 和主题都放在 sites/all/modules 或 sites/all/themes 文件夹下,这样做是比较好的。如果我们正在升级版本,或者已经在主目录/modules 或/themes 下安装了它们,但我们希望移动它们,那么我们就需要让

175

Drupal 知道我们在做什么。

(1)进入 Administer - > Site Building - > Modules(或 Themes),禁用我们想挪动的 module/主题;

(2)将它们移动到我们想要放置它们的地方;

(3)现在回到管理菜单重新启用它们。Drupal 会定位它们的新目录,然后根据需要更新系统配置数据表。

也许我们会得到一个 PHP 错误:Fatal error:Call to undefined function myfunction(),这是因为 Drupal 不知道我们的 module 被放在哪儿了。如果是这样,我们可能需要强制重新构建系统数据表。

4.2.4 实践经验总结

我们使用 Drupal 搭建图书馆馆员园地平台,可以通过后台权限配置实现给予不同的馆员相应的内容发布权限,同时也可以对不同的发布信息进行评论。由于此平台仅限内部馆员交流使用,所以是不对外开放的,通过对后台的模块设置之后,本馆馆员可以使用校园一卡通账号登录,然后进行查看、发布和评论功能。

图 4-1 华东师范大学馆员园地界面

华东师范大学图书馆馆员园地内容主要包括:公告通知、党群活动、学术科研、培训交流、规章制度、档案馆史、常用软件和生活百态(如图 4-1)。在过去,馆领导是通过发送邮件的方式通知到每一位馆员,时间久了,邮箱里邮件越来越多,待我们需要这些信息的时候,可能很无奈地发现它们已经"淹没"在邮件的海洋里而无处可寻。现如今,本馆通过馆员园地平台发布馆内的人事任免、馆内课题项目申报、职称晋升以及请假考勤等文件,一方面清晰明了的分类方便馆员定位到所需的信息,另一方面又将本馆发布过的所有工作文档完整地保存下来,大大提高了馆员的工作效率。

4.3 使用开源软件 Lilina 搭建图书馆新闻聚合网

4.3.1 lilina 的下载和安装

官方下载地址：http://getlilina.org/download/。下载好之后解压，然后上传到我们的 Web 根目录下，通过浏览器访问：http://localhost/install.php，然后根据提示很容易就安装好了。（由于在前面第二章和第三章已经详细介绍了开源软件的安装过程，在此章节就不再详细介绍了。）

4.3.2 Lilina 的配置

因为要给 Lilina 添加我们想要的订阅源，所以首先打开管理员界面，如图 4-2 所示：

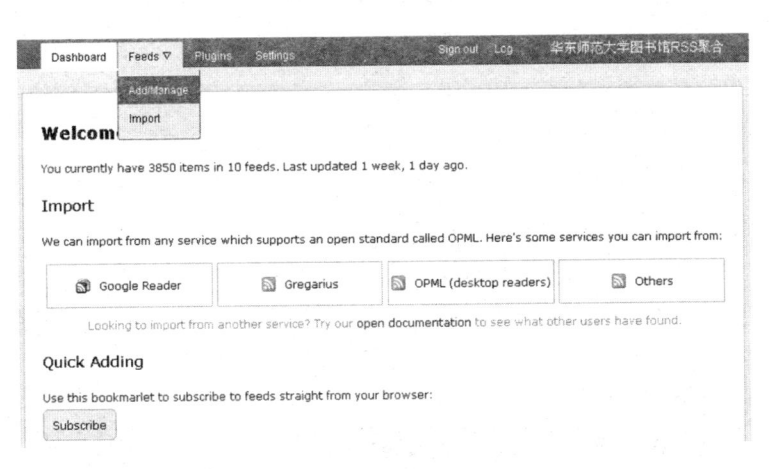

图 4-2 Lilina 管理后台

选择 Feeds 选项卡下的 Add/Manage，然后就可以添加我们喜欢的 RSS 源了，如图 4-3。输入 Feed address(URL) 之后点击 Add 按钮，就添加成功了。我们可以根据自己的需求继续添加。

图 4-3　Lilina 添加 RSS 源

接着要对 Lilina 进行网站设置，点开 Settings 界面，根据实际需求输入我们的 Site name。我们可能看到下面一行 Site address 是灰色的，这是因为这个选项只能在配置文件里手动修改，其配置文件路径为 content/system/config/settings.php，修改之后保存即生效了。

图 4-4　Lilina 网站名设置

图 4-5　Lilina 插件安装

从图 4-5 中可以看到华东师范大学图书馆安装了两个插件,其中一个是 Press It,这个是因为加入了 WordPress 源(第二章中已经详细介绍了,华东师范大学图书馆使用开源软件 WordPress 搭建了图书馆新闻网)到这里,Lilina 的配置已经完成了,是不是很简单呢?

4.4.3 实践经验总结

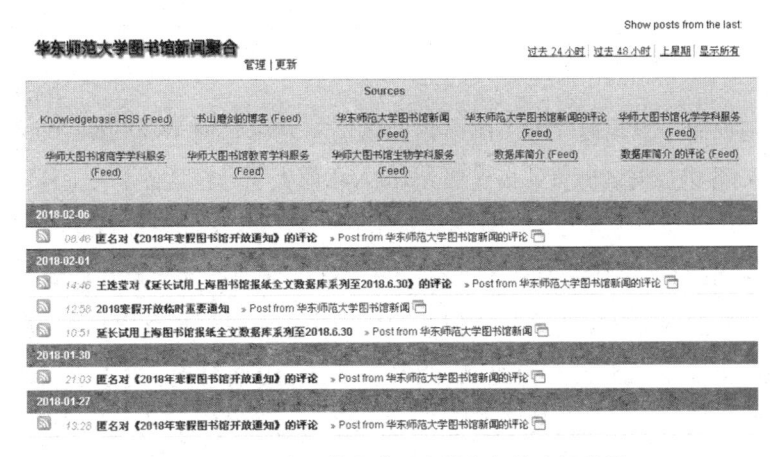

图 4-6 华东师范大学图书馆新闻聚合网首页

下面我们来看一下华东师范大学图书馆新闻聚合网的首页,如图 4-6 所示。打开首页之后,点击"更新"按钮,软件 Lilina 会自动更新到最新的 RSS 源。我们也可以选择查看"过去 24 小时""过去 48 小时""上星期"或者"显示所有"。华东师范大学图书馆一共添加了 10 个 RSS 源,包括有图书馆新闻网、数据库简介、数据库简介评论、图书馆 FAQ、书山磨剑博客以及 4 个学科服务,其中前面三个均是采用了开源软件 WordPress 平台搭建。通过此软件可以准确地定位到读者在哪个平台的哪个帖子发布了评论以及评论数量,点击链接后直接跳转到评论界面,馆员便可以浏览和回复,极大地提高了工作效率。

第五章

自适应网站设计

在前面四章中我们介绍了图书馆网站使用开源软件 WordPress、phpBB 以及 DokuWiki 等进行安装配置并搭建部分应用,相信大家已经具备了相关开源软件的下载安装以及后台配置技能。开源软件应用的接入大大丰富了师生对于图书馆网站各方面的充分利用,但是图书馆门户网站搭建的技术要点在前四章并未涉及。而如今的网页开发技术发展十分迅猛,图书馆也一直紧跟技术潮流的发展而不断在网页设计上进化,如何能够使师生更便捷地在各种设备平台上使用网站和资源是图书馆网站开发人员一直追求的目标,如上海大学图书馆采用 CSS3 的媒体查询技术以及流式布局技术等开发响应式的新型图书馆门户网站,还有学校基于 jQuery Mobile 框架开发移动网站等等。随着手机等智能移动设备的访问量呈现出逐年上升的趋势,自适应网页成为必然趋势。

本章将介绍开发设计自适应网站的新技术:CSS3 和 HTML5 以及相关开源网络框架。第一节介绍 CSS3 和 HTML5 在自适应网站开发中的技术简介;第二节介绍 CSS3 和 HTML5 在自适应网站开发中的技术应用;第三节简要介绍自适应网站特效设计和布局;第四节简要介绍自适应开发的当前问题和未来之路。

5.1 CSS3 和 HTML5 开发技术简介

随着我国互联网技术的飞速发展和不断创新应用,逐渐催生和培养了数量巨大的移动互联网用户群体,便于操作、携带方便的各种智能移动设备也在不断地普及和流行。以高校图书馆为例,师生通过移动终端访问网页的数量逐年呈现出快速上升的趋势。然而传统的门户网站在移动设备中的显示总是出现各种问题，无法尽善尽美，且随着互联网技术的空前发展，市面上的智能移动终端设备种类、屏幕分辨率以及操作系统等多种多样，网页操作和内容无法在多样的智能移动终端设备上完美展示。种种问题的出现促进了响应式设计模型的出现和流行。美国著名网页设计工程师 Ethan Marcotte 提出了"自适应网页设计"(Responsive Web Design,RWD)技术,通常人们也翻译为响应式网页设计技术。其旨在从传统网站、网页设计的优化角度解决网站、网页不能很好适应移动终端显示的问题。该设计技术的主要理念是通过集中创建网站、网页等相关页面的图片规模、排版布局等,以此达到能够智能地辨别用户行为和使用设备环境(如：屏幕尺寸、屏幕转向和操作系统类型等)自动调整网页的相关布局。以便于更快促进"自适应网页设计"技术在传统网站、网页优化设计中的运用,使网站或网页设计者更好地开发出令人满意的网页优化设计效果。本节内容从自适应网站设计的关键技术：CSS3 和 HTML5 入手,讲解各关键技术含义及其新特性。

5.1.1　CSS3 技术简介

CSS 又称层叠样式表,该层叠样式表技术能够精确、有效控制网页页面的布局、字体、颜色和背景等;CSS3 是 CSS 层叠样式表技术的升级版本,是 CSS2.1 的扩展,也是最新版的 Web 样式表语言。

CSS3 在 CSS2.1 之上又增加了很多功能,侧重于提供更多的新方法来实现美观便捷的网页设计效果。模块化是升级后该技术的主要特点,每个模块都是 CSS 的某个子集的独立规范,如选择器、文本、背景等,每个模块都有独立创作者和时间表。基于模块化的应用能够有效提高网页页面性能、降低网页文件大小、提升网页加载速度,能够自行调整网页布局、尺寸,以适应移动终端的显示。

5.1.2　CSS3 新特性

1. 不依赖图片实现的视觉效果：CSS3 中的"色彩和图像(Colors and Image Values)"模块可以实现之前只能通过图片或脚本才能实现的视觉效果。

2. CSS3 转换(Transforms)：CSS3 中的"2D 转换(2D Transforms)"模块和"3D 转换(3D Transforms)"模块,可以对元素进行移动、缩放、转动、拉长或拉伸。

3. 字体(font)：CSS3中的"字体(font)"模块引进@font-face规则,在服务器中可引入字体文件,该字体可用于显示终端页面中的文本,字体的使用可使页面显示更为美观。

4. 选择器(Selectors)：CSS3中的"选择器(Selectors)"模块中新增多个选择器,这些选择器可帮助选取HTML结构中的某些指定片段而不用去新增加ID或类。

5. 背景(background)：CSS3具有强大的背景属性(background),开发人员在背景设计和开发中可通过设置多种背景属性来获得完美的背景效果。CSS3的背景属性包括background-color;background-position;background-size;background-repeat;background-origin;background-clip;background-attachment;background-image。在这些属性中,background-size、background-origin和background-clip为新的CSS3背景属性,下面简要介绍一下这三个新属性：

(1) background-size属性

background-size属性用于规定背景图片的尺寸,在CSS3之前,背景图片的尺寸由图片实际尺寸来决定,而在CSS3中,通过该属性可用像素或百分比来规定图片尺寸,这也有利于在不同环境中可重复使用背景图片。如下示例采用background-size属性规定背景图片尺寸。

```
div
{
background: url(flower.gif);
background-size: 60px 80px;
-moz-background-size: 60px 80px; /* Old Firefox */
background-repeat: no-repeat;
}
```

浏览器对background-size属性的支持情况：IE9+、Firefox4+、Chrome、Safari5+以及Opera。

(2) background-origin属性

background-origin属性用于规定背景图片的定位区域,即规定background-position属性相对于什么位置来定位。背景图片可放置于content-box(背景图像相对于内容框来定位)、padding – box(背景图像相对于内边距框来定位)或 border – box(背景图像相对于边框盒来定位)区域,如图 5 – 1 所示。

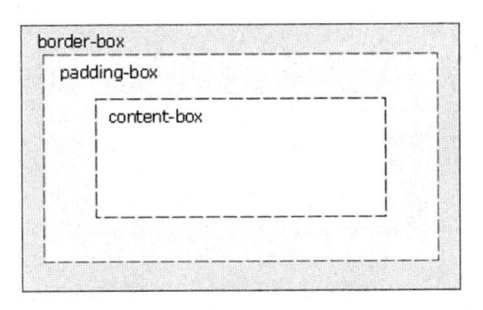

图 5 – 1　背景图片放置区域划分

以 content – box 为例,使用 background – origin 属性在 content – box 中对背景图片定位,具体示例如下:

```
div
{
background: url(flower.gif);
background – repeat: no – repeat;
background – size: 60px 80px;
background – position: left;
 – webkit – background – origin: content – box; / *  Safari  * /
background – origin: content – box;
}
```

浏览器对 background – origin 属性的支持情况:IE9 + 、Firefox4 + 、Chrome、Safari5 + 以及 Opera。

(3)background – clip 属性

background – clip 属性用于规定背景的绘制区域,同上所示,绘制区域可选择 content – box(背景被裁剪到内容框)、padding – box(背景被裁剪到内边距框)或 border – box(背景被裁剪到边框盒)区域,如图 5 – 2 所示。

```
          border-box
     ┌─────────────────────┐
     │   padding-box       │
     │  ┌───────────────┐  │
     │  │  content-box  │  │
     │  │               │  │
     │  │               │  │
     │  └───────────────┘  │
     └─────────────────────┘
```

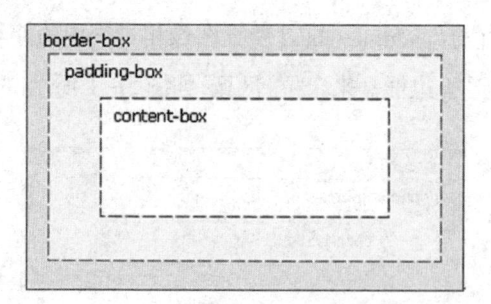

图 5-2　背景绘制区域划分

以 content-box 为例,使用 background-clip 属性在 content-box 中对背景进行绘制,具体示例如下:

```
div
{
background-color: green;
background-clip: content-box;
}
```

浏览器对 background-clip 属性的支持情况:IE9+、Firefox、Chrome、Safari 以及 Opera。

6. CSS3 过渡(Transition):CSS3 的"过渡(Transition)"是一种简单的动画特效,其可以平缓地呈现元素样式的变化。可以在不使用 Flash 动画或 JavaScript 的情况下,当元素从一种样式变换为另一种样式时为元素添加效果。

7. CSS3 多列布局(Multi-column Layout):CSS3 中的"多列布局(Multi-column Layout)"模块能够创建多个列来对文本进行布局,就像报纸布局那样,通常用到的多列属性有如下几种:column-width(给列定义最小的宽度,默认值为 auto);column-count(最大列数);column-gap(设置列间距,默认值 normal,相当于 1em);column-rule(设置列的边框,不占用任何空间,设置 column-rule 并不会导致列宽的变化);column-span(用于跨列,默认值 none 表示不跨列,all 表示跨越所有列);column-fill(设置统一列高,默认值 auto 表示各列的高度随着内容而自动调整)。多列布局模块兼容的浏览器如表 5-1 所示:

表5-1　多列布局兼容的浏览器

浏览器	版本
IE	11
Edge	16,17
Firefox	57-61
Chrome	49,62-67
Safari	11,11.1,TP
iOS Safari	10.2,10.3,11.2,11.3
Opera Mini	all
Chrome for Android	64
UC Browser for Android	11.8
Samsung Internet	4,6.2

8. 弹性盒子(Flexible Box 或 flexbox):是一种当页面需要适应不同的屏幕大小以及设备类型时确保元素拥有恰当的布局方式。引入弹性盒子布局模型的目的是提供一种更加有效的方式来对一个容器中的子元素进行排列、对齐和分配空白空间。浏览器一共支持3个不同版本规范的语法:

新规范:最新版本规范的语法,即"display:flex";

中间版本:2011年的非官方规范的语法,即"display:flexbox";

老规范:2009年的规范的语法,即"display:box"。

弹性盒子模块支持的浏览器如表5-2所示:

表5-2　弹性盒子兼容的浏览器

Chrome	IE	Firefox	Safari	Opera	Android	iOS
21+ (新规范)	11+ (新规范)	22+ (新规范)	6.1+ (新规范)	12.1+ (新规范)	4.4+ (新规范)	7.1+ (新规范)
20- (老规范)	10 (中间版本)	2-21 (老规范)	3.1+(老规范)		2.1+ (老规范)	3.2+ (老规范)

9. 媒体查询(Media Queries):由一个可选的媒体类型和零个或多个使用媒体

功能的限制了样式表范围的表达式组成,例如宽度、高度和颜色。媒体查询添加自 CSS3,允许内容的呈现针对一个特定范围的输出设备而进行裁剪,而不必改变内容本身。流媒体查询作为 CSS3 规则的一个部分,其扩展了媒体属性角色,而且打破了原本独立的样式表,允许网页设计开发者通过不同的设备属性(如终端屏幕旋转方向、屏幕的宽度等)来确定终端目标样式,能够使终端用户在不同的设备上都可以得到最佳的操作体验。

➢媒体查询语法及兼容性应用

(1)媒体查询的语法

语法结构:@media [only|not] 媒体类型 and (媒体特性){样式代码}。

其语法规则以 @media 开启,[only|not] 作为可选择项,然后设定媒体或设备类型、设定媒体特性,最后依据媒体类型设定相应的样式代码。

媒体类型(media type):可用的媒体类型有 all 和 screen 两种,all 是指所有设备,screen 是指电脑屏幕、平板电脑、智能手机等设备。此外,还有 print 类型以及 speech 类型:print 是指打印机和打印预览,使用 print 类型能够为页面打印格式提供友好的操作界面;speech 指设备屏幕的阅读器等可以发声的听觉设备。

媒体特性(media feature):一般包括宽度(width)、高度(height)和颜色(color),通常使用 max/min 作逻辑判断词,连接 width。媒体特性 max - width 表示媒体类型小于或等于某设定宽度时,样式代码有效;媒体特性 min - width 表示媒体类型大于或等于设定宽度时,样式代码有效。此外,在使用媒体语法中,还可使用 only、and、not 等关键词来进行特殊需求设定。

(2)媒体查询的兼容性使用

在自适应网页设计中,理解了媒体查询的语法结构,设定了媒体类型和媒体特性,然而在网页布局的具体使用中,还需考虑网页内容的自适应性及在各浏览器中的兼容性。

移动设备兼容:在移动设备的兼容性问题处理中,可在 HTML 文档中对文档的 <head> 区域里添加 meta 标签,以便兼容移动设备。meta 标签代码表示如下:

<meta name = "viewport" content = "width = device - width, initial - scale = 1, maximum - scale = 1, user - scalable = no" >

代码字段含义解释:device - width 一般指屏幕的物理宽度,通常情况下智能

移动设备的浏览界面是全屏的,"width = device – width"表示宽度等于当前设备的宽度,即 width 与 device – width 的宽度相等;"initial – scale =1"表示初始的缩放比例(默认为1);"maximum – scale =1"表示允许用户缩放的最大比例(默认为1);"user – scalable"表示用户是否能自行手动缩放页面,这里等于 no,表示用户不能手动缩放页面。

浏览器兼容:通常多数浏览器均支持媒体查询技术的使用,如 Chrome21 + 、IE9 + 、Firefox3.5 + 、Safari4.0 + 、Opera9 + 。而 IE8 则不兼容,可通过加载两个 js 文件 html5shiv.js 和 respond.min.js,使得媒体查询兼容 IE8 及以下的浏览器。代码表示如下:

```
< script src = "https://oss.maxcdn.com/libs/html5shiv/3.7.0/html5shiv.js" > </script >
< script src = "https://oss.maxcdn.com/libs/respond.js/1.3.0/respond.min.js" > </script >
```

10. 流式布局

流式布局(Fluid Layout)是由 Ethan Marcotte 提出的,也称为流动布局,是通过智能地使用 Div、数学计算和百分比创建。主要利用相对尺寸及结合百分比等功能,再通过简单分割寻找到与移动终端屏幕相适应的宽度,能够保证设计的网页适应不同操作系统类型、不同分辨率及屏幕尺寸的移动终端。相比于媒体查询技术,流动布局技术能够帮助图片等普遍适应不同分辨率的设备,而且该技术还有很好的跨浏览器兼容性,如果一旦出现问题也容易修复。

➢流式布局技术的应用

图片大小调整中的应用:以浏览器和智能移动设备上显示图片为例,众所周知,在浏览器中所显示的全尺寸图片,若在屏幕较小的移动设备上则无法完全显示,如果按照屏幕宽度将图片缩小,则通常会导致页面运行缓慢,使得用户体验较差。解决图片尺寸在不同设备上调整显示的方法可在 PHP 开发环境中,采用 js 文件脚本来提供基于不同屏幕尺寸下的图片显示问题。举例代码表示如下:

```
$ images[图片][100] = 'img_1280 * 960.jpg';
$ images[图片][75] = 'img_1280 * 960.jpg';
$ images[图片][50] = 'img_1280 * 960.jpg';
```

$images[图片][25] = 'img_1280 * 960.jpg';

通过上述处理,移动设备屏幕页面所显示出的图片要比原始电脑桌面浏览器中的图片小,更好适应不同屏幕宽度、不同终端设备浏览器页面。

5.1.3 HTML5 技术简介

HTML5 技术(Hypertext Markup Language 5)有万维网核心语言之称,是超文本标记语言 HTML 第五次修改而成,它将成为 HTML、XHTML 以及 HTML DOM 的新标准。实际上,所谓的 HTML5 是指包括 HTML、CSS3 和 JavaScript 在内的一套技术组合。HTML5 是 W3C(World Wide Web Consortium,万维网联盟)与 WHAT-WG(Web Hypertext Application Technology Working Group)合作的结果,他们为 HTML5 建立了新的规则:新特性应该基于 HTML、CSS、DOM 以及 JavaScript;减少对外部插件的需求(比如 Flash);拥有更优秀的错误处理机制;拥有更多取代脚本的标记;HTML5 应该独立于设备;开发进程对公众透明等。

HTML5 具有简易性、支持视音频、代码清晰以及存储灵活、人机交互性好等优点。然而,HTML5 的技术优势更多体现在专门针对移动设备网页的设计开发上,甚至可以在网页上直接修改、调试。

5.1.4 HTML5 新特性

1. canvas 元素:HTML5 的"canvas"元素用于图形的绘制,其绘图功能非常强大,可以进行图形绘制、路径绘制、变形、动画、像素绘图等,但 canvas 标签只是图形容器,需要通过脚本(JavaScript)来完成绘制。可以使用 getContext() 方法返回一个对象,该对象提供了用于在画布上绘图的方法和属性。canvas 元素兼容的浏览器如表 5-3 所示:

表 5-3 canvas 兼容的浏览器

Chrome	IE	Firefox	Safari	Opera
4	9	2	3.1	9

2. video 和 audio 标签:HTML5 的 audio 标签定义声音,比如音乐或其他音频

流；video 标签定义视频,比如电影片段或其他视频流。HTML5 标准中的多媒体、video 和 audio 元素,不需要设置插件模式,通过几行简单的页面代码就可以实现多媒体的播放。不过,由于各个浏览器对多媒体标准所支持的播放格式多种多样,导致目前无法实行统一的多媒体标准,这对于多媒体标准的发展也是有一定的影响。例如 Chrome 浏览器所支持的多媒体视频格式为 Ogg、MPEG4、WebM,但 Safari 浏览器则只支持 MPEG4,具体浏览器对 HTML5 的 video 元素所支持的(Ogg、MPEG 4 、WebM)格式的匹配情况如表 5 - 4 所示:

表 5 - 4　浏览器 HTML5 的 video 元素所支持格式的匹配情况

格式	IE	Firefox	Opera	Chrome	Safari
Ogg	No	3.5 +	10.5 +	5.0 +	No
MPEG4	9.0 +	No	No	5.0 +	3.0 +
WebM	No	4.0 +	10.6 +	6.0 +	No

* Ogg = 带有 Theora 视频编码和 Vorbis 音频编码的 Ogg 文件;MPEG4 = 带有 H.264 视频编码和 AAC 音频编码的 MPEG4 文件;WebM = 带有 VP8 视频编码和 Vorbis 音频编码的 WebM 文件。

3. 本地离线存储:为了满足本地存储数据的需求,HTML5 新增了存储方式:Web 存储和 Web SQL 数据库。Web 存储是通过提供 key 或 value 的方式进行数据存储,而 Web SQL 数据库则是通过相关关系数据库来存储数据。下面是对两种存储方法的简单介绍:

➢ Web 存储

Web 存储有两种在客户端存储数据的新方法,即 local Storage 方法 和 session Storage 方法。local Storage 即没有时间限制的数据存储,而 session Storage 是针对一个 session 的数据存储。之前存储都是由 cookie 来完成,但是众所周知 cookie 不适合大数据的存储,因为它们由每个对服务器的请求来传递,因此,通过 cookie 传输速度慢且效率低。但在 HTML5 中,数据不是由每个服务器请求传递的,而是只有在请求时使用数据,这也使得在不影响网站性能的情况下存储大量数据成为可能。对于不同的网站,数据存储于不同的区域,并且一个网站只能访问其自身的数据。HTML5 可通过使用 JavaScript 来存储和访问数据,开发人员可根据自己的实际情况选择这两种方法中的一种。两种方法的区别是:local Storage 方法存储的数据没有时间限制,第二天、第二周或下一年之后,数据依然可用;而 session Storage 方法是针对一个 session 进行数据存储,当用户关闭浏览器窗口后,数据会被删除。

➢ Web SQL 数据库

HTML5 的 Web SQL 数据库 API 并不是 HTML5 规范的一部分,而是一个独立的规范,它其实是引入了一组使用 SQL 操作客户端数据库的 APIs。该规范有三个核心方法,具体如下:

(1) openDatabase:使用现有的数据库或新建的数据库创建一个数据库对象;

(2) transaction:能够控制一个事物,基于这种情况执行提交或者回滚;

(3) excuteSql:执行实际的 SQL 查询。

浏览器对 Web SQL 数据库的支持情况是:可在最新版的 Safari、Chrome 以及 Opera 浏览器中工作。

4. 应用缓存(Application Cache):HTML5 的标准规范提供了一种应用缓存功能,也就是 Web 应用可以进行缓存,并且在没有 Internet 的情况下依然可以访问。应用缓存这一功能拥有三大优势:离线浏览,即用户可以在应用离线时依然可以使用它们;提高访问速度,即已缓存的资源会加载得更快;减少服务器负载,即浏览器将只服从服务器下载更新过或更改过的资源。

具体应用方法是,可使用 HTML5,通过创建 cache manifest 文件,轻松地创建 Web 应用的离线版本。一旦应用被缓存,它会一直保持该缓存应用,当用户清空浏览器缓存,manifest 文件被修改,由程序来更新应用缓存。

浏览器对应用缓存的支持情况是:IE10、Firefox、Chrome、Safari 以及 Opera 均支持应用缓存。

5. 地理定位(Geolocation):HTML5 的地理定位(Geolocation)用于定位用户的位置,Geolocation API 用于获取用户的地理位置,现在很多主流浏览器都可实现地理定位的功能,不过,除非用户同意,否则可能侵犯用户的隐私而不能定位用户位置信息。通常使用 getCurrentPosition() 方法来获得用户的位置。

浏览器对地理定位(Geolocation)的支持情况是:IE9、Firefox、Chrome、Safari 以

及 Opera 均支持地理定位。此外，对于拥有 GPS 的移动设备，如 Android 智能机或是 iPhone 等，地理定位会更加精确。

6. 新的特殊内容元素，比如 article、footer、header、nav、section。

7. 新的表单控件，比如 calendar、date、time、email、url、search。

5.2 基于 HTML5 与 CSS3 的自适应网站开发技术应用

自适应网站的完美设计靠单一的技术是不能有效完成的，需要用到多种技术和框架，运用 HTML5 和 CSS3 可以为自适应网站的建设提供快捷美观的设计效果。通过上一节内容的学习，我们已经对 CSS3 和 HTML5 有了一定的了解，具备了一定的技术基础，在本章节自适应网站设计中，主要从四个小节对自适应网站设计的细节内容一一进行介绍。

5.2.1 创建自适应元素与媒体

自适应网站或网页的设计是 Web 开发领域最让人着迷的事情之一，如今 HTML5 和 CSS3 的使用为网站网页开发与设计带来了新的生命力，不仅使网页"看起来更炫酷"，也使网页的开发和修改变得简单易用。本节内容从图像、视频等的适应性设计介绍 HTML5 和 CSS3 的应用。

1. 基于宽度百分比的图像缩放

方法 1：选取一张自己需要的图片，为了能够让图像随着不同的智能移动设备自如缩放，在往常操作中，添加 CSS 配置，为图像添加一个新的类，设置 max-width 属性值为 100%，这样做可使得图像的宽度随着浏览器宽度的改变而适应改变；设置 height 属性值为 auto，auto 值设定后可以使高度自动地按照浏览器的大小而按照比例在自如缩放，如果 height 的值空置，那表示浏览器会默认使用 auto 值。代码表示如下：

```
img.responsive
{
max-width:100%;
```

height：auto；
}

方法2：基于 background‑size 属性对背景图片在水平和垂直两个方向进行缩放，其也可以控制图片拉伸覆盖背景区域，还可以截取背景图片。background‑size 属性是背景和边框模块的其中一部分，其有高度和宽度两个值，可以设定成任何单位的具体值，同样可以设定成 auto 值（如 background‑size：200px auto；background‑size：auto 1.6em；background‑size：100% 100% 等，根据具体开发环境进行设定）。

background‑size 可设置为容纳或者覆盖，这两者都可以将背景图片按照浏览器的大小按比例缩放背景图片。当把 background‑size 设定为容纳模式时，浏览器可使背景图片尽量放大，且可确保图片的高度和宽度不会溢出浏览器范围，这便保证了背景图片不会被截断，不过，有可能会导致浏览器的部分背景区域没有图片；当把 background‑size 设定为覆盖模式时，浏览器能够保证背景图片的高度和宽度至少不小于其对应的高度和宽度，存在的问题是背景图片可能会出现截断的情况，但可以保证浏览器的背景区域被完美覆盖。因此，该方法优缺点各占一半，开发人员在使用的时候可根据具体情况选择合适的方法进行设计开发。前面已经介绍过该属性的浏览器的支持情况：IE9 + 、Firefox 4 + 、Opera、Chrome 以及 Safari 5 + 均支持该属性。

2. 基于媒体查询的图像缩放

之前已经在第一节中总结讲解了媒体查询方法在网页开发中的应用，此处讲解媒体查询在图像缩放中的应用。

媒体查询是针对自适应性图像的一种目前非常流行的方法，与通过设置图像宽度百分比来实现自适应宽度图像的方法不同，该方法可通过在客户端而非服务器端浏览器中对自己选定的图像进行调整。下面结合具体实例边操作边讲解：

首先，使用标准的图像标签创建一个图像元素：< img alt = " aaa" src = " aaa. png" > ；

其次，创建一个媒体查询：用于检测浏览器屏幕的大小，如果浏览器屏幕大于 1024px，那么可为窗口提供一张适合屏幕的大图片，如果浏览器屏幕较小，那么则为浏览器窗口提供一张较小的图片。此时可运用媒体类型 screen：

@media screen and (max-width: 1280px)

@media screen and (min-width: 1025px)

第三，在图像元素中添加一个类属性:class = "responsive"/;

第四，媒体查询可与 CSS 其他类属性共存，接着上述步骤，继续添加；

第五，为使图片能够自适应与多种不同屏幕尺寸的设备上，可继续使用 min-width 和 max-width，以此可为 1024px-1280px 尺寸的屏幕浏览器窗口提供自适应尺寸的图片，因此，添加一个 min-width: 1024px 和 max-width: 1280px 的媒体查询。

通过结合上述媒体查询的方法和步骤，最终可以实现图片可自适应于不同智能设备屏幕尺寸。最终操作如下：

<img alt = "aaa" src = "aaa.png" class = "responsive"/>

@media screen and (max-width: 1024px) {

img.responsive { width: 200px; }

}

@media screen and (min-width: 1025px) and (max-width: 1280px) {

img.responsive { width: 300px; }

}

@media screen and (min-width: 1080px)

img.responsive { width: 400px; }

}

img.responsive { height: auto; }

CSS3 的媒体查询是针对不同的设备浏览器屏幕尺寸设定不同的图像宽度来达到背景图片或图像自适应于设备屏幕或设备浏览器的方法，此法仅是自适应性图像缩放众多方法中的一种，开发用户还可选择其他开发环境和方法来获取相似的图片缩放效果。

3. 基于媒体查询的动态网页

为获得效果炫酷的网页动态效果，媒体查询是一种可获取这种动态效果的方法，此处，我们以动态菜单/导航栏为例，通过使用媒体查询可以获得自适应于不同设备屏幕尺寸的自适应式动态菜单。

对于智能移动设备等拥有较小的屏幕和浏览器窗口，可创建一个简单的 select 菜单，只占用极少的垂直空间，在此可选择使用 HTML5 的 <form> 元素，结合 JavaScript 代码进行设计。

对于办公电脑等拥有较大的尺寸的屏幕及浏览器窗口，可通过 CSS3 列表样式 ul 元素进行设计，结合不同的媒体查询设计出不同的布局样式和外观。

为了使菜单能够根据不同的屏幕尺寸和浏览器窗口完美显示，设计成自适应菜单是必要的，可以在代码设计中设计媒体查询，并完整覆盖大多数设备屏幕和浏览器窗口。如可设计媒体查询代码：

```
@media screen and (max-width:700px){
.small-menu{display:inline;}
.large-menu{display:none;}
}
@media screen and (min-width:701px) and (max-width:1024px){
.small-menu{display:none;}
.large-menu{display:inline;}
}
@media screen and (min-width:1025px){
.small-menu{display:none;}
.large-menu{display:inline;}
}
```

在设计动态菜单中，运用 CSS3 的媒体查询属性能够尽可能地提高菜单和内容的可用空间。

4. 自适应于屏幕宽度的视频

设计自适应的流媒体视频，可运用 HTML5 在页面中嵌入自适应视频。设计自适应的流媒体视频有两种主流方法：第一种方法是如果开发者拥有自己托管的服务器，其网站主机中拥有对应的视频源，此时可采用 <video> 标签进行设计，<video> 标签支持多媒体宽度设定，采用此种方法进行设计会简便很多。第二种方法是如果采用视频托管网站（如优酷、爱奇艺视频、腾讯视频等），把托管网站中的视频运用在自己的网站中进行展示，可避免自己托管的服务器的宽带或磁盘空间的限制，视频上传的效果和过程会更好。此时，采用第二种方法需要在自己的页面中嵌入 iframe 或 object 代码段。目前所有浏览器都支持 HTML5 中的 <iframe>标签，<iframe>标签包含 height(高度)、width(宽度)、frameborder(规定是否显示框架周围的边框)、src(规定在 iframe 中显示的文档的 URL)等，与此同时，结合 CSS 配置，再利用 width、max-width 等属性来限制视频的宽度，综合进行开发设计自适应视频。以爱奇艺视频中的某段视频为例，具体设计代码如下：

```
<div class="video-oter-wrap">
<div class="video-wrap">
<iframe src="http://www.iqiyi.com/v_19rrbaz9bw.html" width="896" height="504" frameborder="0">
</iframe>
</div>
</div>
.video-outer-wrap{
width:500px;
max-width:100%;
}
```

5. 自适应图像内边距

当拥有自适应的框边距和自适应图像或视频相配合时，才能够完美地展示网站或网页的效果，否则静态型的图像内边距会导致其在较小的浏览器窗口中显得过大，导致图像或某些元素挤出屏幕，反之，在较大的浏览器窗口中会显得过小，而导致窗口中出现大片空白，图片或内容都无法完美显示。

首先，我们需要会计算图像内边距在总宽度中所占的百分比，以方便在开发设计中使用。我们已经知道图像加边框的总宽度计算应该是：总宽度＝图像宽度＋(内边距＋边框＋外边距)×2，那么有此公式，内边距就容易计算了。例如，一张图片在非自适应情况下的原始宽度为300px，假如外边距和边框都为1px，内边距为通常设置的8px，那么，总宽度＝300＋(1＋1＋8)×2＝320px，最终，可以得到内边距在总宽度中所占的百分比为：(320－300－2－2)/320＝0.05＝5%。

接下来，使用 HTML5 和 CSS3 在设定自适应百分比宽度图像前来添加一个内边距为4%的类，再基于百分比宽度设计自适应图像，最终得到具有自适应图像和内边距的网页效果。具体操作如下：

```
<style>
p.text{
float: left;
width: 60%;
}
div.img-wrap{
float: right;
margin: 0px;
width: 38%;
}
img.resonsive{
max-width: 100%;
height: auto;
padding: 4%;
}
</style>
```

5.2.2 创建自适应字体

在自适应网站或网页的建设中，除了图片、视频等进行自适应设定，文字内容等也需要随着设备屏幕或浏览器尺寸的不同而随之发生适应性变化，这才可称为是完美的自适应网站或网页。在自适应文本的设计开发中，通常会用到 CSS3、JavaScript 以及 HTML5 等技术，通过设计自适应字体，完善自适应网页效果。

创建自适应字体需要了解 HTML 中的根元素、通常用在字体大小设定中的尺寸单元 REM(Root EM)。1rem 就是 HTML 根元素的字体大小，2rem 就是 HTML 字体大小的 2 倍，依次类推。在创建过程中，需要用到 HTML 的段落标签 <p> 和定义文本的字体、字体尺寸、字体颜色的 <font> 标签，结合 CSS3 的媒体查询进行自适应字体创建。

以 pad 浏览器窗口横纵窗口切换而字体随之自适应大小变化为例，以文字内容"千里之行,始于足下"为例进行设计。

首先,运用 HTML 的段落标签,设定上述两份相同的文字内容分别为类 a 和类 b;其次,创建 HTML 的 <font-size> 基本属性和静态内容尺寸样式,类似于对比实验来比较字体的改变;最后,运用 CSS3 的 @media 查询,分别从横排(orientation: portrait)和纵排(orientation: landscape)进行设定,依据 pad 屏幕比例,横排(orientation: portrait)可设定 a 类文字段落元素的 <font-size> 属性值大小为 3rem,纵排(orientation: landscape)可设定 a 类文字段落元素的 <font-size> 属性值大小为 1rem。具体操作如下:

```
< p class = "a" >
千里之行,始于足下。
< p >
< p class = "b" >
千里之行,始于足下。
< p >
html {font - size: 12px;}
p.b {font - size: 1rem;}
@media screen and (orientation: portrait) {
p.a {font - size: 3rem;}
}
@media screen and (orientation: portrait) {
p.a {font - size: 1rem;}
}
```

通过上述设计,当浏览器窗口从横向转为纵向时,能够看到文字的字体大小与原始字体大小比例从 1∶1 调整到 3∶1,完成了字体的自适应布局。通过上述方法,开发者可以根据实际情况设计出更多样的自适应字体效果。

5.2.3 设计自适应字体效果

1. 画布 - 文本阴影

文本内容自适应设计完成后,还可以对文本进行诸多修饰和变换,以得到更好的审美效果。此时，我们可以借助 HTML5 的画布 <canvas> 标签，来获得相关文字效果。譬如想获取文本的阴影效果，我们可以结合 HTML5 和 JavaScript 进行设计。

首先，在 HTML 页面中创建画布 canvas 元素，且 JavaScript 使用 id 提取该画布元素；其次，运用 JavaScript 代码通过设定文本的横向阴影偏移量、纵向阴影偏移量、阴影模糊度、阴影颜色等属性来制作文本并运用 JavaScript 代码来传入变量；最后，运用 HTML 的 <body> 标签，给 body 标签添加其中的一个脚本属性 onload（当文档加载时运行脚本），使得页面加载时，JavaScript 出发绘制文本及阴影事件，使得文本及阴影效果显示在画布上。具体操作如下：

```
<! DOCTYPE HTML >
< html >
< head >
</head >
< body >
< canvas id = "ourCanvas" width = "200" height = "100" ></canvas >
</body >
</html >
```

如下为 JavaScript 部分：

```
< script type = "text/javascript" >
var c = document.getElementById("ourCanvas");
ctx.shadowOffsetX = 2;
ctx.shadowOffsetY = 2;
ctx.shadowOffBlur = 1;
ctx.shadowColor = "rgba(0, 0, 0, 0.5)";
ctx.font = "30px Arial";
cxt.fillStyle = "Brown";
cxt.fillText("This is my Frog", 5, 30);
```

再转回 HTML：

```
< body onload = " draw ( ' canvas ' ) ; " >
</body >
</html >
```

2. 画布 – 旋转文本与 CSS3 – 旋转文本

对文本进行旋转,此处介绍两种方法:第一种是基于 HTML5 的 < canvas > (画布)标签,第二种是基于 CSS3 的 transform 属性。

HTML5 的 < canvas > 标签除了上述讲的可以设计文字阴影等效果,还可以用来对画布区域中的文本进行旋转。此处需要 HTML5 和 JavaScript 通过合作进行设计。

对文本进行旋转,需要用到 JavaScript 的语法 context. rotate(),此方法会默认旋转整个画布。此时会看到文本随着画布都进行了旋转,如果需要根据个人特定位置需求,可通过 conext. fillText( ) 和 conext. strokeText( ) 重新对文本进行旋转定位。此外,如果原始设定的画布尺寸或元素尺寸较小,需要修改画布或元素的尺寸,那么可以运用 JavaScript 中的 canvas. width 和 canvas. height 这两个属性来完成修改。

接下来,用 CSS3 的 transform 属性和其 rotate 子属性进行文本旋转,用此种方法还需要结合 HTML 的代码片段。由于不同的浏览器旋转方式不同,因此,如果需要文本片段出现在哪些浏览器上,就在代码中设计哪些浏览器的旋转代码,浏览器对 transform 属性的支持情况是 IE10、Firefox、Opera 支持 transform 属性。其中,IE9 支持替代的 – ms – transform 属性(仅适用于 2D 转换),Safari 和 Chrome 支持替代的 – webkit – transform 属性(适用 3D 和 2D 转换),Opera 只支持 2D 转换。简单操作示例如下:

```
< ! DOCTYPE HTML >
< html >
< head >
< style >
. rotate {
/ *  Chrome, Safari 3.1 +   * /
– webkit – transform: rotate( – 100deg) ;
```

```
/* Firefox 3.5 - 15 */
-moz-transform: rotate(-100deg);
/* IE9 */
-ms-transform: rotate(-100deg);
/* IE */
transform: rotate(-100deg);
}
</style>
</head>
<body>
<p class="rotate">千里之行,始于足下。</p>
</body>
</html>
```

3. 使用CSS3设计3D文本

如何使文本呈现出3D效果,这是本小节需要做的事情,CSS3的text-shadow属性通过组合多个阴影效果,使得这些阴影根据与文本间设定的不同距离依次堆叠起来,让文本看起来像是伸出屏幕,实现完美的3D效果。

还是接着上面小节的文本基础"千里之行,始于足下"为例。首先,创建一个HTML文档,建立一个header元素,给该元素设定色号,如设置color: #E0E0E0;其次,添加从横向和纵向依次递增或递减的text-shadow属性,例如从0px 0px 0px #767676到-6px -6px -6px #767676;接下来,再设置6个不同的横向纵向text-shadow属性,并再设置一个色号color: #ddd;最后,同上步所示从不同的方向设置text-shadow属性并且对于色度的选择也是从浅灰到深暗依次递增。通过上述几步实现较为逼真的3D效果。简要操作如下所示:

```
<style>
h1{ color: #E0E0E0;}
</style>
text-shadow: 0px 0px 0px #767676,
-1px -1px 0px #767676,
```

-2px -2px 0px #767676,

　　-3px -3px 0px #767676,

　　-4px -4px 0px #767676,

　　-5px -5px 0px #767676,

　　-6px -6px 0px #000000;

text-shadow: 1px 1px 5px #ddd,

2px 2px 5px #ddd,

3px 3px 3px #ddd,

4px 4px 4px #ddd,

5px 5px 5px #ddd,

6px 6px 6px #ddd;

text-shadow: 0px 0px 0px #888888,

　　-1px -1px 0px #767676,

　　-2px -2px 1px #666666,

　　-3px -3px 1px #555555,

　　-4px -4px 2px #444444,

　　-5px -5px 3px #2a2a2a,

　　-6px -6px 4px #000000,

5.2.4 自适应前端开发框架

　　前端开发框架对于网站或网页布局设计和开发是非常重要的,借助好用的前端开发框架并结合自己的设计,最终可以得到符合自己需求的好框架。前端开发框架的好处是很多的,比如:在不同的浏览器都可测试通过;其具有很好的一致性,即UI组件,像导航、按钮、标签、下拉菜单、表单等风格都相互统一;可以简便快速地构建一个自己需求的布局框架,且可以有效运用其中的代码片段和文档;自适应性也非常高,从桌面到移动端的扩展都可以做到。目前开发出的可供使用的框架有很多,本小节介绍几个主流且兼容自适应设计的前端开发框架。

1. Foundation 框架

　　Foundation 框架由美国加州 Zurb 公司设计推出（https://

foundation.zurb.com/),目前可下载6.0版本。它是非常先进的响应式前端框架,具有很多模板布局和UI组件的CSS样式,也支持CSS扩展语言Sass(Scss)。HTML、CSS及JavaScript包含的组件或模板如下:

HTML和CSS组件包含网格布局模板、图标、字体、响应式表格、SVG社交图标、分页、面包屑、边栏导航、按钮、字体、标签、提醒、面板、价格表、进度条、表格、缩略图。

JavaScript组件包含选项卡、导航、工具提示、下拉按钮、分割按钮、下拉列表、自适应视频、显示模态窗口、开关、灯箱。

2. Gumby 框架

Gumby框架(https://gumbyframework.com/)是基于功能强大的CSS预处理器Sass进行构建,基于响应式的CSS框架,使用一套灵活并且响应式的网格系统以及UI库来创建快速的、逻辑性的页面布局以及应用原型。目前可通过网站下载Gumby v2,网站或网页开发者可以借助该框架快速地开发属于自己的Gumby,并为用户提供新的工具,它具有自定义皮肤的表单,让你能够在Gumby的框架基础上快速定制。Gumby框架支持当下多数浏览器,如Chrome、Firefox、Opera、IE8-10等。HTML、CSS及JavaScript包含的组件或模板如下:

HTML和CSS组件包含导航、Entypo图标、表单、标签、网格、按钮。

JavaScript组件包含选项卡、下拉框、切换开关、模态窗口。

3. Ivory 框架

Ivory框架是一款非常强大的响应式Web框架,其基于12列的响应式网格布局,使Web开发简单而快捷,其可用于320到1200像素宽度的响应式布局。HTML、CSS及JavaScript包含的组件或模板如下:

HTML & CSS包含列表、表单、表格、网格、排版、按钮、提醒、分页、面包屑等。

JavaScript包含工具提示、选项卡、切换开关、手风琴等。

4. Bootstrap 框架

Bootstrap框架(http://getbootstrap.com/)是基于HTML、CSS和JavaScript的简洁灵活的前端开发框架和交互组件集,目前可下载Bootstrap v4.0.0版本,它是Twitter于2011年开发的开源前端解决方案。Bootstrap有一系列CSS组件和JS组件以及拥有完备而详细的开发文档,Web开发者可以简单快速地搭建出清爽的界面,可以实现很好的交互效果。Bootstrap 框架支持当下各大主流的最新稳定的浏览器版本,在 Windows 系统中,Bootstrap 框架支持 IE10 – 11 以及 Microsoft Edge。此外,它还支持个人定制,支持 LESS CSS 编译。HTML、CSS 及 JavaScript 包含的组件或模板如下:

HTML 和 CSS 组件包含导航、布局、排版、代码、网格、表格、表单、按钮、图像、图标、按钮组、面包屑、分页、选项卡、徽章、缩略图、提醒、进度条等。

JavaScript 组件包含标签、按钮、模态窗口、下拉框、工具提示、过渡、滚动检测、弹出层、警报、手风琴、旋转木马、自动补齐等。

5. HTML KickStart 框架

HTML KickStart 框架(http://www.99lime.com/elements/) 支持 HTML5、CSS 以及 JavaScript 模块,用于网站的快速制作。它有全面的 UI 组件,也包含一些有用的 JavaScript 插件,HTML KickStart 框架对浏览器的支持情况是 IE8 +、Safari、Chrome、Firefox、Opera、Safari IOS、Browser 以及 Chrome Android。HTML、CSS 及 JavaScript 包含的组件或模板如下:

HTML 和 CSS 组件包含列表、表格、网格、排版、按钮、按钮条、图标、图像、面包屑等。

JavaScript 组件包含菜单、选项卡、工具提示、语法高亮、幻灯片、表单验证等。

6. Groundwork 框架

Groundwork 框架(http://groundwork.sidereel.com)是一款能够帮助开发人员轻松快速进行开发的响应式网格系统,支持 HTML5、CSS 以及 JavaScript 模块,完全适应任何设备屏幕尺寸,从桌面电脑等大尺寸显示屏到小型手持智能移动设备。Groundwork 基于强大的 CSS 预处理器 Sass 的基础之上,因此,它也支持 Sass 混入编译。HTML、CSS 及 JavaScript 包含的组件或模板如下:

HTML 和 CSS 组件包含布局、网格、按钮、排版、瓷砖、表格、图示、社会的图标、响应文本、消息、警报等。

JavaScript 组件包含导航、标签、工具提示等。

7. InK 框架

InK 框架(http://ink.sapo.pt/)是一款用于开发人员快速开发 Web 界面的 UI 套件,框架简单实用。它通过整合 HTML、CSS 和 JavaScript 来提供实用的解决方案和布局构建,支持Sass混入编译,界面元素为通用型显示,为开发用户实现重要界面内容和友好的交互功能。HTML、CSS及JavaScript包含的组件或模板如下:

HTML和CSS组件包含导航、排版、布局、图标、表格、提醒、表单等。

JavaScript组件包含选项卡、模态窗口、表格、画廊、可排序日期选择器、表单验证、行为(停靠、折叠、关闭)等。

8. Maxmerkit框架

Maxmerkit框架是由Vetrenko Maxim Sergeevich创建,目的是使Web开发人员的工作轻松而愉快。Maxmerkit框架是基于部件修改器编码风格的CSS框架,支持Sass和Coffee Script编译。HTML、CSS及JavaScript包含的组件或模板如下:

HTML和CSS组件包含网格布局、菜单、下拉菜单、表格、图标、标签、按钮、typography、徽章、插入符、进度表、工具提示等。

JavaScript组件包含选项卡、按钮、模态窗口、转盘、通知、弹出层、滚动侦测等。

9. Kube框架

Kube框架(https://imperavi.com/kube/)是由Imperavi发布的Web前端开发框架,目的是使网页设计和开发者的工作轻松而高效。Kube框架虽然简约,但其自适应性能够满足多种开发需求,此外,它也支持LESS CSS编译。它具有灵活的网格布局和漂亮的印刷字体,不会强加给开发者任何样式。HTML、CSS及JavaScript包含的组件或模板如下:

HTML和CSS组件包含导航、排版、表单、网格、表格、按钮和图标。

JavaScript组件包含按钮和标签。

10. Helium框架

Helium框架(https://github.com/cbrauckmuller/helium)是一种前端响应式Web开发框架,主要用于HTML5和CSS3项目的快速原型设计和实际开发。它与Twitter Bootstrap和ZURB Foundation在某些开发方面类似,但不同于这两个框架的是,Helium要更轻量、更容易更改。举个恰当的例子:如果把Helium框架看成是一个典型的汽车,在那里你可以打开引擎盖,容易对发动机进行改装。此外,Helium框架支持Sass和Compass编译。HTML、CSS及JavaScript包含的组件或模板如下:

HTML和CSS组件包含网格、按钮、排版和表格。

JavaScript 组件包含下拉框、表单验证和模态窗口。

11. Pure. css 框架

Pure. css 框架(https://purecss. io/)是一组轻量的响应式 CSS 模块,可以用在任意的 Web 开发项目中。充分考虑了移动设备中的使用,保持文件体积尽量小,每行 CSS 都进行了仔细的考虑。Pure 是基于 Normalize. css 构建,并提供布局以及原生 HTML 元素的风格,它拥有常见的 UI 组件,还具有皮肤制作器和 YU 库。但是,Pure. css 框架不具有 JavaScript 组件,仅包含 HTML 和 CSS 组件,具体包含组件如下所示:

HTML 和 CSS 组件包含菜单、表格、网格、排版、按钮等。

12. Skeleton 框架

Skeleton 框架(http://getskeleton. com/)是一个非常小集合的 CSS 文件,有助于 Web 开发人员迅速开发任何尺寸和具有漂亮外观的网站或网页。Skeleton 建立在三个核心原则之上:兼容移动端的响应式网格,快速入门,风格无关。Skeleton 属于轻量级框架,易于开发人员使用。它不具有 JavaScript 组件,仅包含 HTML 和 CSS 组件,具体包含组件如下所示:

HTML 和 CSS 组件包含网格、排版、按钮、表单和媒体查询。

13. Markup 框架

Markup 框架是一个布局、窗口小部件、排版样式及其他的 UI 组件的集合,是一个 HTML + CSS 框架,网页开发者可以根据个人的需求进行整合。它不具有 JavaScript 组件,仅包含 HTML 和 CSS 组件,具体包含组件如下所示:

HTML 和 CSS 组件包含导航菜单、导航列表、布局、网格、排版、表格、按钮、标题、面包屑和消息。

14. Topcoat 框架

Topcoat 框架也是一个 CSS 组件集合,主要用于简单快速的 Web 应用程序开发。它是一个开源库,不需要任何 JavaScript 内置的用户界面元素,仅包含 HTML 和 CSS 组件,具体包含组件如下所示:

HTML 和 CSS 组件包含下拉列表、按钮栏、按钮、切换按钮、图标、字体、面包屑、表格、滑动开关、标签、选择以及滑块。

上面总共介绍了 14 种当前具有一定使用量的自适应 Web 前端开发框架,还有其他多款自适应 Web 框架，且多数框架均为开源框架，开发者可依据个人在网站或网页开发方面的需求来进行选择，此处不再详述。

5.3 自适应网站其他应用

5.3.1 自适应布局应用简介

网站或网页的自适应布局目前有较多的解决方案，且可以从网站或网页的不同布局内容或角度来进行，具体涉及的解决方法有：基于 CSS3 的 min – width 和 max – width 属性结合 float 属性进行自适应布局；采用相对内边距方法自适应不同页面尺寸的宽度的自适应布局；基于 CSS3 添加媒体查询方式的自适应布局等等。

5.3.2 自适应网站视觉点缀应用简介

自适应页面的多种页面视觉效果，不需要通过加载图片，而可通过 CSS3 的其他一些属性来实现，比如可用 word – wrap 属性容纳溢出的文本；border – radius 属性可以实现圆角；HSLA 色彩模式可用来创建半透明背景；linear – gradient 方法可用来实现背景渐变；box – shadow 属性可用来实现物件阴影效果；text – shadow 属性可实现文字阴影效果；transform 属性可用来做旋转特效等等。

总体来说，自适应网站的设计的具体实现有多方面的技术组成，除了上述技术，自适应网站设计技术仍然不断完善、持续创新，开发人员可参考 HTML5 和 CSS3 官方网站，通过不断地学习新标准来提高个人的开发能力，也可以通过参考相关学术专著和实战书籍，开发出符合自己需求的个性化自适应网站。

5.4 自适应设计的未来趋势

5.4.1 当前问题

目前,自适应网站设计的优势和趋势已获得普遍认可,但依然还有不少问题有待解决。首先,当前的自适应图片的做法主要通过缩放、剪裁、分条件加载等方法来实现,其本质上都只是表面技巧,并未真正完美实现图片的自适应;其次,目前在自适应开发中跨设备的交互性和兼容性还无法完美呈现,无法自如兼顾不同尺寸的设备;最后,在自适应网站的设计中,网页在不同设备下依条件加载、内容显示等各方面性能要求还并未做得非常完美,依然有很长的路要走。在自适应网站开发设计探究的道路上,能解决上述难题并能最终实现高度自适应的模式是每个网站开发人员和用户所期待的。

5.4.2 未来之路

在未来,不论是高校门户网站还是图书馆门户网站,抑或是企事业单位网站,自适应网站已经成为他们建站的重要趋势,这不仅能够提升网站的交互性,还有助于创建品牌效应,增强用户黏度和交互性,同时也增强了自适应网站开发动力。

未来的响应式网页设计应该是一个网站能够兼容多个终端——而不是为每个终端做一个特定的版本。这样,开发人员就可以不必为不断到来的新设备而不厌其烦地做专门的版本设计和开发了。"让人们忘记设备尺寸,随意使用设备浏览所需"的理念将更快地驱动响应式设计,所以,Web设计也必将迎来更多的响应式设计元素。

参考文献

[1]周义刚,聂华,韦成府,吴越,张轶雯,张乃帅.新信息环境下用户需求驱动的图书馆门户设计与实现——以北京大学图书馆为例[J].大学图书馆学报,2014,32(01):71-77.

[2]陈嘉勇,严潮斌,周婕,贺轩.高校图书馆信息化管理研究——以图书馆门户网站改版为视角[J].图书馆建设,2015(03):67-70+76.

[3]章颖华,祝锡永.基于维基的过程导向知识协同方法研究[J].情报理论与实践,2014,37(05):51-56.

[4]潘旭伟,杨祎,王世雄,李泽彪.知识协同视角下Wiki知识网络的特性研究一以Wikipedia为例[J].情报学报,2013,32(08):817-827.

[5]佟泽华.知识协同及其与相关概念的关系探讨[J].图书情报工作,2012,56(08):107-112.

[6]罗学妹.基于维基(Wiki)的图书馆知识协作创新服务研究[J].图书情报工作,2010,54(05):35-38.

[7]王学东,潘小毅,孙晶.基于维基的政府知识管理应用[J].情报科学,2008(06):805-808.

[8]http://www.DokuWiki.com.cn/category/use

[9]https://www.DokuWiki.org/start?id=zh:manual

[10]http://chenzixin.github.io/pmp/2013/03/26/DokuWiki-you-knowledge/

[11]赵乃瑄,王海燕.Drupal平台嵌入图书馆网站中的功能拓展研究[J].图

书馆学研究,2013(11):26-29.

[12]http://drupalchina.cn/content/drupal-7-zhong-wen-zhuang-jiao-cheng

[13]http://drupalchina.cn/node/1539

[14]http://drupalchina.cn/doc/884.html

[15]https://www.drupal.org/documentation

[16]詹庆东,刘小花.高校图书馆网络留言服务研究[J].图书馆学研究,2009(12):62-66+27.

[17] https://download.phpbb.com/pub/documentation/3.2/rhea_documentation.pdf

[18]http://doc.zzbaike.com/b/1/phpbbshezhi.pdf

[19]http://doc.zzbaike.com/b/1/phpbbluntanguanli.pdf

[20]http://blog.csdn.net/u014326381/article/details/25249405

[21]https://en.wikipedia.org/wiki/WordPress

[22]https://baike.baidu.com/item/WordPress/450615?fr=aladdin&qq-pf-to=pcqq.c2c

[23]https://codex.wordpress.org/Main_Page

[25]冯兴利,洪丹丹,罗军锋,锁志海.自适应网页设计中的关键技术[J].计算机应用,2016,36(S1):249-251+256.

[26]冯兴利,洪丹丹,罗军锋,锁志海.视频自适应技术在网页设计中的实现[J].现代电子技术,2016,39(24):18-21.

[27]黄龙泉.媒体查询在响应式网站中的应用[J].电脑编程技巧与维护,2017(15):77-79.

[28]杨颖.基于媒体查询的自适应Web设计方法研究与实现[J].电脑知识与技术,2017,13(12):78-79+91.

[29]http://www.runoob.com/css3/css3-flexbox.html

[30]https://www.jianshu.com/p/87d1862f88c6

[31]https://caniuse.com/#search=column

[32]https://developer.mozilla.org/zh-CN/docs/Web/Guide/CSS/Media_que-

ries

[33]http://www.w3school.com.cn/html5/html_5_intro.asp

[34]http://www.iqiyi.com/v_19rrbaz9bw.html

[35] https://www.cnblogs.com/lhb25/p/responsive-front-end-frameworks.html

[36]http://www.w3school.com.cn/css3/index.asp

[37]Benjamin LaGrone,拉格罗,黄博文,等.响应式Web设计:HTML5和CSS3实践指南[M].机械工业出版社,2014.

[38]吉伦沃特,屈超,周志超.CSS3实用指南:Stunning CSS3 a project-based guide to the latest in CSS[M].人民邮电出版社,2012.

[39]冯春英.基于响应式Web设计的新型图书馆门户网站构建[J].图书馆学研究,2015(15):34-40.

[40]http://www.lib.ecnu.edu.cn/

[41]http://202.120.82.32/bbs/viewforum.php?f=2

[42]http://202.120.82.36/lilina/

[43]http://202.120.82.54/